बाबा बटेसरनाथ

[उपन्यास]

बाबा बटेसरनाथ

नागार्जुन

राजकमल प्रकाशन

ISBN : 978-81-267-0502-3

मूल्य : ₹ 595

पहला संस्करण : 1954
दसवाँ संस्करण : 2024

प्रकाशक : राजकमल प्रकाशन प्रा.लि.
1-बी, नेताजी सुभाष मार्ग, दरियागंज
नई दिल्ली-110 002
शाखाएँ : अशोक राजपथ, साइंस कॉलेज के सामने, पटना-800 006
पहली मंजिल, दरबारी बिल्डिंग, महात्मा गांधी मार्ग, प्रयागराज-211 001
1, अनमोल सोराबजी संतुक लेन, धोबी तलाव, मरीन लाइंस, मुम्बई-400 002
वेबसाइट : www.rajkamalprakashan.com
ई-मेल : info@rajkamalprakashan.com

मुद्रक : बी.के. ऑफसेट
नवीन शाहदरा, दिल्ली-110 032

BABA BATESARNATH
Novel by Nagarjun

'मुसीबत में अगर किसी के काम न आया तो वह जीवन बेकार है बेटा! भूख ने लोगों की अँतड़ियों का रस सोख लिया और मैं बेहया हरा-भरा यह सब देखा करता! बेचैनियों का तूफान उठा करता मेरे अंदर; धरती पर काफी गुस्सा आता कि मेरी जड़ों को तो वह अब भी रस पहुँचाया करती है परंतु अकाल-ग्रस्त मानव-समाज की ओर उपेक्षा कर रही है...'

बाबा बटेसरनाथ

1

घने पत्तों, गुथी टहनियों और आड़ी-तिरछी डालोंवाला वह शांतिनिकेतन था ही ऐसा कि हर तरह के लोग आ-आकर उसका आश्रय लेते।

खुशी में पागल आदमी वहाँ आता और आगे के लिए योजनाओं के सुनहले लड्डू बनाया करता। विपत्ति का पहाड़ जिसकी गरदन तोड़ रहा होता, वह बेचारा भी यहाँ आता और दृढ़ता के सबक लेता। प्रेमी आता, प्रेमिका आती। रात के अँधेरे में चोर आया करते। रुपयों की उमस से परेशान कंजूस, सास की खुराफ़ातों से परेशान बहुएँ, गणित के सवालों से परेशान स्कूली लड़के, साझेदार की साजिशों से परेशान गृहस्थ, महाजन की बेईमानियों से ऊबे हुए ग़रीब किसान, कुर्की का समन पाकर बौखलाई हुई विधवा, प्रायश्चित्त के पचड़े में पड़कर धर्मशास्त्री, पंडित से डरा हुआ अछूत, गार्जियन की निगरानियों से तंग आया हुआ नटखट छोकरा—कौन नहीं आता बटेश्वर बाबा के पास, और कौन नहीं यहाँ आकर अपने को ताज़ा महसूस करता!

खाना खाकर जैकिसुन यादव सीधे इस बरगद के तले आ बैठा।

जेठ की पूनम थी। अभी-अभी शाम हुई थी। पूरब की ओर चंद्रमंडल क्षितिज से ऊपर उठ चुका था। उसे लगा कि चाँदी की यह बरफ़ीली परात उसकी छाती और कपार पर ग्लिसरीन का मोटा प्रलेप चढ़ानेवाली है। दिन-भर की गर्मी और थकान के बाद अमृतमय किरणों का यह अभिषेक उसे वरदान मालूम हो रहा था—

दो-चार कच्ची ईंटें इधर-उधर पड़ी थीं। एक ईंट पर सिर रखकर वह लेट गया और सोचने लगा...

इस बरगद को उसके परदादा ने रोपा था। सौ वर्ष से ऊपर की बात है। '34 के भूकंप ने इस पेड़ को टेढ़ा कर दिया, आधी जड़ धरती से बाहर हो गई। इस स्थिति में भी पिछले अठारह वर्षों से यह बंकिम वृक्षराज सकुशल विद्यमान है। जीवन-शक्ति तनिक भी क्षीण नहीं हुई है।

गाँव से बाहर, चालू रास्ते के किनारे होने के कारण यह पेड़ लोगों का आकर्षण-केंद्र था। पिछले अठारह वर्षों से बेचारा 'बाँकेबिहारी' हो गया था, लोगों को पूरी तरह अपनी छाँह नहीं दे पाता तथापि उसके प्रति जनता का स्नेह कम नहीं हुआ था। ममता बल्कि और बढ़ आई थी। लोग ऐसा सोचते कि उनके एक महान प्रियजन को लकवा मार गया है। एक बार पड़ोस के गाँव का एक विद्यार्थी आया। वह पटना में इंजीनियरिंग की पढ़ाई करता था। इस वनस्पति को देखकर उसने लोगों से कहा : साइंस ने अब असंभव को संभव बना दिया है; रूस के इंजीनियर पुराने-से-पुराने पेड़ को जड़-मूल समेत उठाकर एक से दूसरी जगह लगा देते हैं...हो सकता है कि आगे चलकर हम भी इस वृक्षराज को सीधा करने की कोई तदबीर निकाल लें...लोगों की आँखें चमक उठीं। उन्होंने मन-ही-मन तय किया—हम भी अपने बरगद बाबा को सीधा कर लेंगे।

मगर अभी तो एक और ही संकट मँडरा रहा था इस बरगद बाबा पर।

पिछले वर्ष की बात है। जमींदारी-उन्मूलन शुरू किया सरकार ने। जमींदार तो पहले ही से चौकस थे। अब उन्होंने सार्वजनिक उपयोग की भूमियों को चुपके-चुपके बेचना आरंभ कर दिया। लालची किसान दो-चार, दस-पाँच किस गाँव में नहीं होते! टुनाइ पाठक और जैनरायन झा ने राजा बहादुर से बरगदवाली यह ज़मीन और उधरवाली पुरानी पोखर चुपचाप बंदोबस्त में ले ली। गाँववालों को मालूम हुआ तो वे

क्रोध और घृणा से सुलग उठे।

सुलग उठना तो उनके अपने बस की बात थी लेकिन बेदखली का रुकना उन्हें बूते से बाहर की बात लगी।

गाँव के दो-तीन जवान थाना-अदालत-कचहरी से लेकर कांग्रेस-कमेटी-असेंबली-पार्लियामेंट के प्रभुओं तक दौड़-धूप करने लगे। क्या ऊपर, क्या नीचे–सब जगह लाल फीता सचाई और न्याय के गले को कसे हुए था। नेताओं का आश्वासन एक ओर और नौकरशाहों की मनमानी दूसरी ओर, जमींदार की तिकड़म एक ओर और जनसाधारण की बेबसी दूसरी ओर...सिर्फ उत्साह भला क्या कर लेगा!

जैकिसुन अपने दो साथियों के साथ दिन-भर आज भटका था। कल अफ़वाह उड़ी कि पाठक और जैनरायन बरगद को कटवाना चाहते हैं। चिंता तो बरगद को बचाने की सबको हुई, परंतु जैकिसुन का कलेजा फटने लगा।

परदादा ने इस पेड़ को बेटे की तरह पाला-पोसा था। दादा और बाप ने इसकी सेवा डटकर की थी। जैकिसुन खुद बचपन से लेकर अब तक यह सब अपनी आँखों से देखता आया। '34 के भूकंप ने जब बरगद बाबा को आधा उखाड़ दिया तो कई दिनों तक जैकिसुन का बाप जानू खोया-खोया-सा रहा था; कई दिनों तक दादी के मुँह से बोल नहीं फूटा था और माँ ने बुरे सपने देखे थे। ऐसा लगता था कि बस्ती रुपउली के इस अहीर परिवार का कोई अपना बुजुर्ग घायल होकर गिर गया है। धरती डोली तो डोली, लेकिन रुपउलीवालों का वह भारी नुकसान कर गई थी। मकान गिरे थे, खड़े कर लिए गए। भीतें फटी थीं, दुरुस्त कर ली गईं। खेतों में बालू निकल आया था, हटा दिया गया। मगर इस बरगद को लोग सीधा नहीं कर पाए। किसान दुखी थे, मज़दूर दुखी थे। छोटी-छोटी उम्रवाले चरवाहों तक को इस घटना से अफ़सोस हुआ था। दाँतों-से-दाँत दबाकर बहू-बेटियाँ तक बरगद बाबा की इस दुर्दशा का अनुभव किया करतीं।

बड़ी देर तक जैकिसुन सोचता रहा।

सोचते-सोचते उसका दिमाग़ भन्ना उठा, कपार की रगें फटने लगीं। माथा ज़रा-सा इधर-उधर होता कि खोपड़ी बीचोबीच दरक-सी उठती। बाकी शरीर चेतना से शून्य होकर पड़ा था। हाथ कभी छाती पर जाता, कभी नीचे आता। पैर लंबे-लंबे होकर छितरे पड़े थे।

जैकिसुन का मन चिंता के घने जाल में खो गया। गहरी थकावट ने उसकी नस-नस को बेकाम बना दिया था।

पूर्णिमा का शशि ऊपर उठ आया था। चाँदनी अपना धवल-पांडुर रूप पकड़ चुकी थी और जैकिसुन की पलकें अच्छी तरह मुँद आई थीं—श्वास का क्रम सम अनुपात पर आ पहुँचा था।

कच्ची ईंट का तकिया बनाकर बाईस साल का वह नौजवान धरती पर सो गया।

जेठ की पूनम चाँदनी क्या बरसा रही थी, गाढ़ा कढ़ा दूध बर्फ़ की तरावट लेकर भूतल को शीतल बना रहा था। दिन की झुलसी हुई प्रकृति इस अमृत-वर्षा में जुड़ा रही थी।

2

रात काफ़ी हो आई और जैकिसुन नाक बजा रहा था।

कुछ देर बाद उसके दो साथी आकर उसे उठाने लगे—झकझोर-झकझोरकर। लेकिन वह नहीं उठा। पलकें तक नहीं खुलीं जैकिसुन की।

आखिर वे भी उसी तरह कच्ची ईंट को माथे के नीचे रखकर लेट गए। उन्हें भी फौरन नींद आ गई।

अब एक नहीं, तीन नाकें बज रही थीं।

गाँव के लोग देर रात तक नहीं जागते और नींद उनकी तड़के खुल जाती है।

रात डेढ़ पहर करीब बीत चुकी थी। सारा गाँव सो गया था। कुत्ते तक नीरव थे...

शाखाओं की घनी-हरी झुरमुटों में से बड़े-बड़े सफेद बालोंवाला एक भारी सिर निकल आया। दाढ़ी भी काफ़ी बड़ी-बड़ी थी।

यह एक विशालकाय मानव था।

हाथ-पैर खूब बड़े-बड़े। शरीर जिस प्रकार लंबा-छरहरा था, डील-डौल उतनी मोटी नहीं थी। कमर में मटमैली धोती लपेटी हुई थी, बाकी बदन यों ही खाली था। छाती, पीठ, जाँघों और बाँहों पर रोओं के जो जंगल थे उन पर मुलतानी मिट्टी-सा हलका पीलापन छाया हुआ था। भारी-भरकम काठीवाला वह आदमी आहिस्ते-आहिस्ते आया और जैकिसुन के पास

खड़ा हो गया।

खड़ा-खड़ा वह उसे देखता रहा।

विराट् वृद्ध के हाथ हाथी की सूँड़-जैसे लग रहे थे और अभी नीचे लटके हुए थे।

अब इस अद्भुत मनुष्य ने सिर ऊपर उठाया और थोड़ी देर तक तन्मय दृष्टियों से पूर्ण चंद्र की ओर देखता रहा—देखता रहा और देखता रहा; देखता ही रह गया वह पूर्ण चंद्र की तरफ कुछ काल तक।

फिर महापुरुष ने धीरे-धीरे चारों दिशाओं और आठों कोनों की ओर अपनी निगाहें घुमाईं। इसमें भी कुछ वक्त बीता।

फिर वह झुका।

झुककर पालथी मार ली और जैकिसुन का माथा सूँघने लगा। उसी गहराई से, जिस गहराई से बरसात की पहली फुहारों के बाद जंगली हाथी धरती को सूँघता है।

सूँघता रहा, बार-बार सूँघता रहा—नथने फड़क रहे हों, तृप्ति नहीं हो रही हो मानो।

और तब बाबा बटेश्वर जैकिसुन के कपार और छाती पर हाथ फेरने लगे।

जैकिसुन ने करवट बदल ली। उसका एक हाथ बूढ़े के पैर की उँगलियों को छू रहा था। नींद उसकी और भी गाढ़ी हो आई।

बाकी दूसरे भी दो तरुण वहाँ सोए पड़े थे। परंतु महापुरुष को मानो उनसे कोई प्रयोजन था ही नहीं। उन्हें एकमात्र जैकिसुन से मतलब था।

3

'घबराने की क्या बात है?' उस अद्‌भुत ने जैकिसुन की ठुड्‌डी छूकर कहा, 'मैं तुम्हारे इस बरगद बाबा का अवतार हूँ; डरने की कोई ज़रूरत नहीं!'

बेचारे जैकिसुन की कुछ भी समझ में नहीं आया कि वह कहाँ है और किसकी बातें सुन रहा है। यह स्वप्न है या यथार्थ, इसका भी निर्णय वह नहीं कर पाया।

वैसा विशालकाय मनुष्य उसने आज तक देखा नहीं था। आल्हा-ऊदल, लोरिक और कुँवर विजई वगैरह वीरों की गाथाएँ सुन-सुनकर उनके बारे में जिस भारी-भरकम स्वरूप की धारणा होती है, इस वृद्ध का आकार-प्रकार कुछ-कुछ उसी कोटि का लगा जैकिसुन को। बरगद बाबा को इस तरह सदेह सामने पाकर उसे प्रसन्नता भी बेहद हो रही थी।

इच्छा हुई कि नज़दीक में सोए पड़े साथियों को भी जगा दे, मगर फिर वह डर गया—क्या ठिकाना! देवता ही तो ठहरे बरगद बाबा हमारे! कहते हैं, देवताओं का मिजाज़ अजीब होता है। क्षण-भर में नाराज़ हो जाएँगे, क्षण-भर में खुश...ना, अभी अकेले इनसे बातें करना अच्छा है। साथियों को सारी बातें पीछे बतला दूँगा...

बाबा दाढ़ी पर हाथ फेरकर कहने लगा—

'बेटा, मैं न तो भूत हूँ, न प्रेत। मैं इस बरगद का मानव-रूप हूँ।

जिस वनस्पतिराज की फलियों के बीज से मेरी उत्पत्ति हुई उन्हें वनदेवी ने प्रसन्न होकर यह वरदान दिया था कि तुम्हारी सन्ततियाँ मनुष्य के हृदय की बातें अनायास समझ लेंगी और अपनी इच्छा के मुताबिक जब चाहे तब मनुष्य का रूप धारण कर सकेंगी। सो, मैं ठहरा इच्छारूपधारी। मुझसे डरना या मेरे विषय में किसी प्रकार की शंका करना बेकार है।'

इतना कहकर बरगद बाबा मुस्कुराए और अपनी लंबी उँगली से जैकिसुन के दाहिने गाल पर टोकारा दिया।

जैकिसुन अब आकर खिल पाया। एक प्रकार की गहरी प्रसन्नता का अनुभव कर रहा था वह। खुशी के मारे कुछ बोलने का जी कर रहा था उसका...मगर जैकिसुन के होंठ बंद थे। चाहा कि होंठ खुलें और व्यक्त शब्दों में वह कुछ बोले। बड़ी कोशिश की, काफी ज़ोर लगाया, आखिर होंठ उसके नहीं ही खुले।

यह क्या हो गया जैकिसुन को?

बाबा बोला—'मेरे सामने तेरा मुँह नहीं खुलेगा बच्चा! घबराने की ज़रूरत नहीं। मैं बहुत दिनों से तुझे मिलना चाहता था। आजकल जिन परेशानियों की वजह से तेरा चेहरा उदास रहता है, मुझे उनका पता है। नाहक तू मेरे लिए इतना परेशान है।'

जैकिसुन के जी को ज़रा तसल्ली हुई। परंतु उसका विस्मय अब तक कायम था।

इतने में हलके पंखों की फरफराहट और 'चें-चें' की कच्ची आवाज आई। पत्तों की खड़-खड़ ध्वनि टहनियों के स्पंदन को पी चुकी तो बाबा ने कहा—'सुनी यह आवाज़ तूने?'

माथा हिलाकर जैकिसुन ने सहमति जतलाई।

'गौरैया का चूज़ा है यह। माँ अभी कल ही गोफन के ढेले का शिकार हो गई। कल शाम को जब वह नहीं लौटी तो इसकी अविराम चें-चें, चूँ-चूँ ने मेरा ध्यान भंग किया। अब मैं उसकी माँ हूँ, मैं ही उसका बाप हूँ। कुल पंद्रह दिनों की तो अभी बेचारे की आयु है...मैं गौरैया बनकर उसे दूध पिलाता हूँ, चोंच-में-चोंच डालकर दाने का

मुलायम गूदा खिलाता हूँ; और रात-भर घोंसले में बिताता हूँ। समझा? ठहर, मैं उसे ले आता हूँ; फिर निश्चिंत होकर तुझसे बातें करूँगा...'

अच्छी बात है, जैकिसुन ने इशारे से बतलाया।

बाबा उठा और पेड़ की डालों में समा गया। थोड़ी देर बाद उसी तरह बाहर निकल आया। अब की वह गौरैया के बच्चे को गोदी में लेकर बैठा।

फिर उसने कहना शुरू किया—

'पहले मैं तुम्हें यह बतला दूँ कि मुझे मृत्यु का भय किंचित् मात्र भी नहीं है। जीवन मुझे प्रिय नहीं हो, यह मत समझ लेना। भला, वह कौन है जिसको जीवन से विरक्ति हो! परंतु 'बहुजनहिताय बहुजन सुखाय लोकानुकम्पाय'...किसी सज्जन के मुँह से मैंने यह पद कभी सुना था। जीने के लिए जीना, जीना नहीं है, परोपकार के लिए जीना ही जीना है। अगर मेरी मृत्यु जनसाधारण के लिए लाभप्रद हो तो नहीं चाहिए मुझको यह जीवन। परंतु दो-एक स्वार्थी धूर्त व्यक्तिगत हानि-लाभ की दृष्टि से मुझे देखते हैं, मैं कदापि नहीं चाहूँगा कि उनका मनोरथ पूर्ण हो...नहीं बेटा, बिलकुल नहीं। अक्षय वट भी धरती पर ही हुआ करता है। जब तक लोग मुझे चाहेंगे, तब तक मैं अक्षय वट हूँ।'

जैकिसुन का कलेजा उछलने लगा यह सुनकर। उसके कानों में बार-बार गूँजने लगा—अक्षय वट! अक्षय वट!! अक्षय वट!!! अक्षय वट!!!! अक्षय वट!!!!!

बाबा कह रहा था—

'भागते भूत की लँगोटी भली! जाते-जाते ये ज़मींदार सार्वजनिक उपयोग की इस भूमि को भी बेचे जा रहे हैं। पता है तुझे? इस ज़मीन की कितनी क़ीमत मिली है उन्हें? दो सौ रुपए। और मेरी क़ीमत क्या कूती उन्होंने?...'

बाबा ठहाका मारकर हँसा तो जैकिसुन चौंक उठा—ऐसा ज़ोरदार ठहाका कि आस-पास के पाँच गाँव गनगना उठें!

'नहीं बेटा, और किसी ने नहीं सुना होगा इस ठहाके को। मत

घबरा भाई, मेरी बातें भी सिर्फ़ तेरे कानों तक पहुँच रही हैं।'

अब जैकिसुन को तसल्ली हुई और वह ध्यान से सुनने लगा।

'मेरी कीमत कूती उन्होंने महज़ पच्चीस रुपए! राजा बहादुर का पुराना दीवान टुनटुना मल्लिक सवा दो सौ रुपए पर राज़ी हो गया तो टुनाइ और जैनरायन ने चटपट रजिस्ट्री करा ली यह जायदाद...। हाँ, भाई, अब यह ज़मीन उन दोनों की ख़ास जायदाद में शुमार होगी न? बड़े पतित हैं ये लोग! मैं क्या बताऊँ, तू तो खुद ही इनको अच्छी तरह जानता है। मगर तू इन्हें मुझसे ज़्यादा नहीं जानता होगा। बाईस साल की उम्र भी क्या कोई उम्र होती है रे! दरभंगा से उत्तर मौजा केउटी के नज़दीक मेरा परदादा अभी तक मौजूद है। बताऊँ उसकी आयु? साढ़े तीन सौ साल की आयु है उसकी। हाँ बेटा! तेरी उम्र है अभी बाईस वर्ष की। टुनाइ पाठक पचास को पार कर गया है, जैनरायन भी पचपन से कम का नहीं होगा। पुश्त-दर-पुश्त इनकी लीलाएँ मुझे मालूम हैं। टुनाइ का दादा छीतन पाठक बेतिया के राजा का रसोइया था। काँसा और पीतल के बड़े-बड़े बर्तन उड़ा लाया था वह बेतिया से। एक बार चाँदी का थाल लिए आ रहा था कि सीतामढ़ी में पकड़ लिया गया। बड़ी पिटाई पड़ी थी बेचारे पर। दरबार में हाज़िर किया गया तो राजा बोला, 'छोड़ दो, ब्राह्मण है।' तब से छीतन पाठक खेती-गिरस्ती का अपना काम देखता रहा। लाख कोशिश करने पर भी बेटे को वह पढ़ा नहीं सका। फिर भी टुनाइ का बाप काफ़ी चतुर निकला। ज़्यादा पढ़ा-लिखा न होने पर भी नेपाल के मारङ्ग इलाके में वह ता-ज़िंदगी डटा रहा और राणा-परिवारों की जी-हुजूरी करके उसने धन का खूब उपार्जन किया। टुनाइ मैट्रिक में फेल कर गया तब से कहीं बाहर नहीं गया। लोगों में फूट डालकर वह नया-नया प्रपंच रचने लगा। यह व्यवसाय उसके लिए बड़ा ही लाभकारक सिद्ध हुआ। दस-पंद्रह वर्षों से तो तू भी उसे देख रहा है। पिछली दफ़ा किसानों में उभार आई और ज़मींदार घबरा उठे। कांग्रेसवालों की पहली मिनिस्ट्री का ज़माना था। मगर उस संघर्ष से ज़्यादा फ़ायदा किसने उठाया? इसी सियार ने उस आंदोलन

का सर्वाधिक लाभ हासिल किया। सोने के टुकड़ों से पाँच बीघा धनहर खेत सिर्फ़ ढाई सौ नगद देकर टुनाइ पाठक ने राजा बहादुर से लिखवा लिए। तीन पुश्त की अपनी सारी कमाई लगाकर भी ऐसी जायदाद उसकी जितनी मामूली हैसियतवाला भला कहाँ पा सकेगा? ऐसा है यह जालिम!! जैनरायन की भी जीभ अब काफ़ी निकल आई है, पहले उसके बारे में लोगों की अच्छी धारणा थी। माँ-बाप गरीब थे। चाचा मुंगेर में मास्टरी करता था। दर्जा आठ तक पढ़ाकर उसने इसे रेलवे-सर्विस में डाल दिया। चार वर्ष जमालपुर, छः वर्ष मोगलसराय और पच्चीस वर्ष इलाहाबाद रहकर जैनरायन ने रेलवे में काफ़ी रकम बनाई। अब पेंशन क्या पा रहा है, टुनाइ पाठक की शागिर्दी कर रहा है। दोनों सुखी हैं, दोनों संपन्न हैं। दोनों के लड़के रुपया पीट रहे हैं, पर छछूँदर का दिल पाया है गधों ने! देख ही रहा है बेटा, कैसी दुर्दशा ये करा रहे हैं अपनी! इनका नाम ले-लेकर लोग कितना थूकते हैं। अगर इन्हें इस बात का पता होता! लेकिन ये तो परले दर्जे के बेहया ठहरे, निंदा-प्रशंसा से डूबने-तिरनेवाले प्राणी कुछ दूसरी ही धात के हुआ करते हैं बच्चा!'

4

कू-ऊ ऽ ऽ...

कहीं से कोयल की आवाज़ आई। जवाब में किसी और कोयल की कूक तो नहीं सुनाई पड़ी, अलबत्ता पड़ोस की अमराई से झींगुरों की हलकी झंकार आरंभ हुई। कोयल दुबारा नहीं बोली, मगर झींगुरों की पल्टन अधिक-से-अधिक मुखर होती गई—क्रीं-ईं-ईं-ईं-ईं-ईं-ईं...।

क्षण-भर चुप रह लेने के बाद बरगद बाबा ने फिर अपना मुँह खोला—

'झींगुर एक तुच्छ कीड़ा होता है। सैकड़ों-हज़ारों की तादाद में जब ये एक-स्वर होकर आवाज़ करने लगते हैं तो एक अजीब समाँ बँध जाता है। झींगुरों की यह अखंड झंकार कई-कई पहर तक चलती रहती है। सामूहिक स्वर की इस एकाग्र महिमा के आगे मेरा मस्तक सदैव नत होता है और होता रहेगा। शहनाई बजानेवालों में दो ऐसे लोग हुआ करते हैं जो केवल स्वर भरते जाते हैं—दम मारकर बारी-बारी से। बाकी उनमें तीसरा उस्ताद होता है। कभी-कभी साथ देने के लिए पट्ठा या नौसिखुआ भी रहता है। नाद-तान-लय-ध्वनि और राग-रागिनियों का आचार्य ठहरा उस्ताद! उसकी फूँक और पिपही के छिद्रों पर नाचती उँगलियाँ शहनाई के सारे चमत्कार की जान है। ठीक है। लेकिन स्वर भरनेवाले दो जने न हों तो शहनाई का सारा मज़ा किरकिरा हो जाएगा। प्रकृति के मनोरम संगीत की जान है कोयल की कूक और पपीहे की

'पीउ-पीउ' आदि; मगर झींगुरों का लगातार स्वर संगीत की उस धारा के लिए सपाट मैदान का काम करता है। झींगुरों को घने-पुराने बागों की पकी-पोढ़ी छालवाले वनस्पतियों का सहवास बेहद प्रिय होता है। शकल-सूरत भी विधाता ने कीड़े की इस जाति को कुछ वैसी ही दी है। आम, जामुन, अमरूद, शहतूत वगैरह की छाल झींगुर को विशेष रुचिकर लगती है। सीलन-भरी नम जगहों में तूने इन्हें घर के अंदर भी तो देखा होगा न?'

जैकिसुन ने माथा हिलाकर स्वीकार किया।

सचमुच झींगुरों की एकतार आवाज़ पूर्णिमा की उस नीरव रजनी को और भी गंभीर बना रही थी। यों रात डेढ़ पहर से ज़्यादा नहीं बीती होगी, परंतु लगता ऐसा था कि निशीथ के क्षण आ पहुँचे। स्निग्ध-शीतल एवं धवल-पांडुर आलोक धरती को दिग्-दिगंत तक उद्भासित कर रहा था। नीचे पृथ्वी, ऊपर आकाश—दीप्त प्रकृति का उदार परिवेश वह क्या था, ग्रीष्मांत की रजनी का सौभाग्य-शृंगार था मानो...

रुपउली बड़ी बस्ती नहीं थी। तीन सौ परिवार थे, खानेवाले मुँहों की तादाद थी ढाई हज़ार—अलावा पशुओं-पक्षियों और कुत्तों-बिल्लियों के। ब्राह्मण थे, राजपूत थे, भूमिहार थे। बाकी आबादी ग्वालों-अहीरों, धानुकों और मोमिनों की थी। दो घर चमारों के थे, एक परिवार था पासियों का। बड़ी जातिवालों के पास निर्वाह योग्य ज़मीनें थीं। ग्वालों और मोमिनों के भी थोड़े-कुछ खेत थे। साठ प्रतिशत परिवार ऐसे थे जिनका गुज़ारा मज़दूरी पर निर्भर था। वे काम के लिए पड़ोस के कई गाँवों तक चले जाते; पचीस-पचास आदमी शहरों में कुलीगीरी या दूसरे मामूली काम करके यहाँ अपने परिवारों की जीविका चलाते थे। गन्ने का सीज़न आता तो दस-पाँच जने चीनी के कारखानों में अस्थायी काम पा जाते। इस इलाके में दस कोस के दरमियान ही दो शुगर-फैक्टरियाँ थीं। छोटी-छोटी दो ब्रांच-लाइनों को मिलानेवाला सकरी-जैसा रेलवे-जंक्शन था। हफ़्ते में दो-दो बार जुटनेवाले तीन-चार पेठ थे। खानदानी ज़मींदारों की सतगामा और परसादीपुर-जैसी दो बड़ी बस्तियाँ थीं। चार कोस पर

दरभंगा-जैसा शहर था, छः कोस पर मधुबनी-जैसा कस्बा था। एक मिडिल स्कूल था, संस्कृत की एक पाठशाला थी—मौजे रुपउली की सीमा के अंदर ही। आधा कोस के फ़ासले पर चार वर्ष पहले हाई स्कूल भी खुल चुका था। बड़ी जातिवालों के लड़के काफ़ी तादाद में पढ़ रहे थे। मैट्रिक पास करके दसियों तरुण कर्म-क्षेत्र में प्रवेश कर गए थे। दो वकील, दो प्रोफ़ेसर, एक डिप्टी मजिस्ट्रेट, एक फ़ॉरेस्ट-ऑफिसर, एक लोको-इंजीनियर और एक इन्कमटैक्स का ज़िला-अफ़सर—रुपउली के आठ सपूत बड़े ओहदों पर विराजमान थे। मगर इन बड़े बाबुओं का गाँव के साधारण जीवन से नाम-मात्र का सम्पर्क था। टुनाइ पाठक का लड़का एम.ए. और वकालत का इम्तिहान पास करके जज ससुर की सिफारिश से इन्कमटैक्स का ज़िला-अधिकारी हो गया था। जैनरायन का बेटा लोको-इंजीनियरिंग की ऊँची डिग्री पाकर जमालपुर के रेलवे-वर्कशॉप में चार सौ की तनख्वाह पर लग चुका था। ऊँची और महँगी शिक्षा पा लेने के बाद इन सभी की आँखों पर मोटी-मोटी ऐनकें पड़ गई थीं, मिजाज़ चढ़ गया था और नाक लंबी हो आई थी। कल-परसों वे जिनकी गोदियों में खेले थे, आज उनकी तरफ़ भर-नज़र देखना तक शान के खिलाफ़ था। ऊँचे ओहदों पर होने से वे आम लोगों की निगाह में अपने घरवालों का रुतबा बिना किसी कोशिश के बढ़वा चुके थे। किस ग़रीब की ज़मीन बिकनेवाली है, कौन निपूता कितनी जायदाद छोड़कर मरा है, नाबालिग़ लड़केवाली किस विधवा की क्या हैसियत है, शादी या श्राद्ध के मौकों पर कौन-सा काश्तकार कितनी रक़म कर्ज़ लेगा, मुकदमा लड़नेवाले कौन-कौन-से लोग अदालती खर्च के लिए अपने खेतों को रेहन रखना चाहते हैं—इस प्रकार के तथ्यों की आवश्यक जानकारी के अतिरिक्त गाँव की बाकी बातों में उन्हें ज़रा भी रस नहीं मिलता। छठे-छमाहे गाँव-घर आ गए तो मेहमानों की तरह बैठकों में विराजमान रहते हैं। गाँव के मामूली आदमी के सामने इन बाबुओं के दिल की परत नहीं खुल पाती। न किसी से कहा-सुनी, न राम-राम, न नमस्ते। लगता था ऐसा कि किसी को वे कुछ नहीं समझते।

रुपउली की नई पीढ़ी के लोग गाँववालों का अपना लेखा-जोखा करते वक्त आम तौर पर उन उच्च शिक्षित बाबुओं की शुमार इसी से नहीं करते थे। हाँ, पड़ोस के गाँव का कोई कभी शिक्षितों का प्रसंग छेड़ बैठता फिर तो रुपउलीवाले भेद-भाव की आपसी कटुता को परे हटाकर अपनी बस्ती के मौजूदा रत्नों की पूरी सूची पेश करते।

तो फिर?

तो फिर जैकिसुन ने सिर हिलाकर स्वीकार किया कि घर के अंदर भी झींगुर हुआ करते हैं और वह उनसे अच्छी तरह वाकिफ़ है। लेकिन अब बरगद बाबा के मुँह से पुराने ज़माने की बातें सुनना चाहता था वह। टुनाइ पाठक और जैनरायन के बारे में बाबा ने अभी जो-कुछ बतलाया था, उसका अधिकांश सचमुच जैकिसुन को मालूम नहीं था।

पता नहीं, कितनी बातें बाबा को मालूम होंगी! पता नहीं, पिछले सौ वर्षों में इस इलाके पर क्या-क्या गुज़रा होगा। पता नहीं, जैकिसुन के परदादा और दादा किस तरह अपने जीवन बिता गए हैं!

इस प्रकार की बहुत सारी बातें उस तरुण के दिमाग़ में चक्कर काट रहे थे। झींगुरों की एकरस-एकतार आवाज़ की तरफ़ उसका ध्यान था ही नहीं। उसका सारा ध्यान तो जिज्ञासा पी गई थी...

बाबा ने जैकिसुन के दिल की बात ताड़ ली। वह बोला—

'अब मैं तुझे अपनी कहानी सुनाऊँगा। आपबीती भी तो जगबीती का ही एक अंश होता है न? तो, ले, सुन ध्यान लगाकर!...

'मेरी आयु एक सौ तीन वर्षों की हो गई है। हमारी जाति की वनस्पतियों के लिए यह कोई अधिक आयु थोड़े है बेटा? बिलकुल नहीं! पंडितों को कहते सुना है कि कलिकाल सबकी आयु पी गया है। पी गया होगा कलिकाल चर-अचर सबकी आयु, परंतु बरगद की उम्र अब भी सैकड़ों साल की हुआ करती है। पाँच-पाँच सौ वर्षों की आयुवाले वट-वृक्ष की चर्चा मैंने संतों के मुखकमल से सुनी है। ढाई सौ, तीन सौ वर्षों के बरगद तो तुझे अपने इस तिरहुत देश में भी कई जगह मिल जाएँगे। पाराडीह के बूढ़े बटेश्वर का ज़िक्र मैं कर ही चुका हूँ।

'यहाँ से दो कोस पर दक्षिण की ओर शिवजी का एक पुराना मंदिर था। सुना है कि उसी मंदिर के पास पीछे नया मंदिर किसी श्रद्धालु विधवा ने बनवा दिया है। पुराना मंदिर तो मुझे अच्छी तरह याद है। बाहर-बाहर उसका सुर्खी-चूना झड़ गया था। बेटा, उन दिनों सीमेंट नहीं हुआ करता था : पक्की ईंटों का चूरन बना लेते थे। उसमें चूना और बालू मिलाकर गारा-लेबा तैयार होता था। उसी से ईंटों पर ईंटें बैठाया करते थे राज लोग। अब भी अपने देहातों में सुर्खी-चूने का गारा काम में आता था। सीमेंट हासिल करने में पचास झंझटें पड़ती हैं। तेरा बाप तो कच्ची ईंटों की भीतें खड़ी कर गया है। है न?'

जैकिसुन ने पलकें उठाकर समर्थन किया।

'उस मंदिर का बाहरी गारा झड़ गया था। अंदर का पलस्तर अभी बदस्तूर कायम था : पीछे नुक्कड़ पर मंदिर में मामूली-सी दरार पड़ गई थी। एक बार हथिया नक्षत्र लगातार सात दिन सात रात हलके-हलके बरसता रहा। पुरवैया कभी, कभी दोरस बयार–कभी हवा बंद भी हो जाती थी। मतलब यह कि पानी की बारीक कनियों के झोंके मंदिर की उस दरार के अंदर पहुँच गए और तह की फटी जोड़ों में मौजूद सुर्खी-चूने को भलीभाँति भिगो आए।

'और तब, दस रोज बाद मैं पैदा हुआ।'

जैकिसुन की आँखों के कोए फैल गए–आश्चर्य के मारे उसकी टकटकी बँध गई।

बाबा ने कहा–

'मंदिर से ज़रा हटकर बरगद का एक भारी पेड़ था। उसके बरोज धरती को कब के छू चुके थे और बाँकी-पतली डालों में विकसित होकर फिर से ऊपर उठ गए थे। वह वृक्षराज इस तरह अपनी बीसियों बरोज धरती में धँसाकर अविराम रस ग्रहण कर रहा था। मंदिर बनते समय वहीं कई ढेकियाँ खड़ी की गई होंगी और मज़दूरिनों ने उन्हीं से चूर-चूरकर ईंटों का चूरन तैयार किया होगा। कई वर्षों तक यह सिलसिला चला होगा, मंदिर के निर्माण में निश्चय ही कई वर्ष लगे होंगे। ईंटों

के चूरन की सुर्ख ढेरी पर बरगद की फलियाँ पक-पककर गिरती होंगी। गारा-लेबा तैयार करते वक्त दो-एक वट-बीज नुक्कड़ की उन ईंटों के जोड़ में आ गए। न जाने मेरा जीव उस कैद में कब तक पड़ा रहा। यदि दरार न फटती और हस्त-नक्षत्र की सुदीर्घ वर्षा गारे की तह को न भिगोती तो मैं आज कहाँ होता?'

क्षण-भर के लिए अपने-आपमें डूब गया बरगद बाबा। फिर लंबी साँस ली। गौरैया के बच्चे ने पंख फड़फड़ाए। बाबा ने स्नेहमय हथेली उस क्षुद्र प्राणी पर फेरी और कहा—

'यह रही मेरी जातक-कथा! समझा?'

अब जैकिसुन का विस्मय हट चुका था। उसकी दृष्टि स्वाभाविक-सी लगती थी। कहानी का जादू अपना असर डालने जा रहा था अब...

बाबा बोला—'संयोग की बात थी यह। दूसरी तरह भी मैं पैदा हो सकता था न? मगर मुझे ज़रा भी तकलीफ़ नहीं हुई। दरार के अंदर प्रकाश भी पहुँचता था, हवा भी पहुँचती थी। पानी की ही कमी थी, सो भगवान की ऐसी दया हुई उस बार कि कुछ मत पूछ!

'ढाई-तीन महीने में तो मैं दो बित्ते का हो गया। बीज से निकला तो सफेद धागे का जौ-भर का छोर-सा था। यों तो दरार क्या थी, वह मेरे लिए पूरी जेल थी। सब ओर घेरा, सभी ओर अवरोध। लेकिन एक बार जब मैं बीज के खोल से निकल आया फिर भला यों ही हार मान लेता किसी से? रुकावटें थीं, विघ्न थे। ठीक है, पर राह भी तो निकल आई थी आखिर! उन दिनों झारखंड की खानों का पत्थर-कोयला यहाँ तक नहीं पहुँचता था। अंदर मोटे-मोटे लक्कड़ डालकर कच्ची ईंटों का भट्ठा चिनते थे लोग। काठ की आग से ही ईंटें पकती थीं। मेरा जीवन जिस गारे के हवाले था, वह मामूली आँच की अधपकी ईंटों के चूरन का तैयार किया हुआ था। यह तो मेरा सौभाग्य था, वरना कहीं कड़ी आँच में पकी ईंटों के चूरन के पल्ले पड़ता तो मैं गर्भ के अंदर ही झुलस चुका होता, या कि मंदिर के भीतरी भागों में कहीं पड़ा होता तो भी न जाने बाहर आने के लिए कितने युगों की प्रतीक्षा करनी पड़ती!

'परंतु मेरे अच्छे दिन तो अभी आगे आनेवाले थे। तेरे परदादा को मैं अपना सबसे बड़ा प्रतिपालक समझता हूँ। उसने मुझे इतनी अच्छी जगह न दी होती तो उसी जीर्ण-शीर्ण मंदिर की फटी कमर से मैं चिपका रह जाता; ठिगना ठूँठा कुबड़ा बौना ढाँचा लिए विधाता को कोसता रहता...

'तो वर्ष-भर मुझे उस खोह में तपस्या करनी पड़ी। तब तक मेरा शरीर दो तनों में विभाजित हो चुका था। छड़ी की तरह पतले-पतले और हलका पीलापन लिए हुए सफेद चिकनी मिट्टी की सूरतवाले दो तने, बस। पत्तों के लिए भला उस दरिद्र दरार में अवकाश ही कहाँ था! मुश्किल से तीन-चार पत्ते अपने लिए वहाँ जगह बना सके थे; बीमार और सिमटी-सिकुड़ी रंगोंवाले भद्दे पत्ते! छिः! आज उनकी याद तक नागवार मालूम होती है! पौधा ही ठहरा न! बढ़ना तो मुझे था ही! लेकिन अनेक प्रकार की रुकावटों से मजबूर होकर उन आरंभिक दिनों में मेरी जीवन-शक्ति एकमुखी बन गई, यानी शरीर पतला व बेहद लंबा होता गया। शुरू-शुरू में दो तने थे। आगे आकर एक टेढ़ा हो गया क्योंकि झँवाई हुई एक कुबड़ी ईंट ने उसे बुरी तरह दबाए रखा।

'अगले साल ऐसा हुआ कि मंदिर की मलिकाइन से बैजनाथ-धाम का एक पंडा मिलने आया। परिक्रमा के समय मंदिर की पिछली दीवार के कोने पर उसने यह दरार देखी तो मुँह से खेदपूर्वक निकला—"शिव! शिव! शिव!! शिव!!" अवश्य पंडे ने जाकर विधवा ज़मींदारिन से कहा होगा। तभी तो चार-छः दिन बाद दो राज मंदिर की मरम्मत करने आए थे। उनकी राय हुई कि भीतर से ईंटें हटाकर ही दीवार को पुख्ता किया जा सकता है, ऊपर से गारा-चूना डालकर थोप-थाप करेंगे तो फिर दरार हो जाएगी। ब्राह्मणी की श्रद्धा उमड़ आई और दीवार को पुख्ता कर दिया गया। साथ ही मुझे भी उस कैद से छुटकारा मिला।

'तेरा परदादा शिवजी का भारी भक्त था। वह हर सोमवार को यहाँ से चलकर उस मंदिर तक पहुँचता। जीवन में दूसरी तरह के उलट-फेर उसे बरदाश्त थे मगर हफ़्ते में एक रोज, और वह भी सोमवार

को, बाबा बालेश्वरनाथ पर लोटा-भर जल ढारने के नियम में किसी प्रकार का व्यतिक्रम उसको सह्य नहीं था। सुना है, छब्बीस वर्ष की आयु के पश्चात् उसने यह संकल्प लिया था और जीवन-पर्यन्त इस पर डटा रहा।

'तेरा परदादा भैंसों का बड़ा शौक़ीन था। मैं यहाँ लाया गया तो उसकी उमर तीस साल की थी। उन दिनों वह चार भैंसों का मालिक था। कहते थे, एक बार गुजराती नस्ल की उसकी एक प्यारी भैंस बीमार पड़ गई। मरने-मरने को हो गई। ओझा-गुनी आए। दवा-बीरो होता रहा। बड़ी दौड़-धूप हुई, खर्चा भी काफी किया। मगर गुजराती का हाल नहीं सुधरा।

'बाकी सब तरफ से निराश होकर तेरा परदादा बाबा बालेश्वरनाथ के सामने जाकर लंबा पड़ गया। रोती-भर्राती आवाज़ में गुहार मचाई– "दुहाई बंभोलेनाथ की! अब तेरा ही एक आसरा है। जब तक गुजराती निरोग नहीं होगी तब तक मैं तेरे सामने से नहीं हटूँगा!!!"

'मंदिर के बाहर, शिवजी के सामने वह पूरे आठ पहर तक उसी तरह लेटा रहा और रोता-सिसकता रहा। अंत में घड़ी-दो घड़ी की खातिर नींद-सी आई तो सपने में भभूत रमाए हुए जटाधारी शिवशंकर दिखाई पड़े। लगा कि बंभोलेनाथ ने दाहिने पैर से उसके सिर में ठोकर मारी और कड़ककर कहा–जा, भाग! भैंस तेरी चरने निकल गई है...

'वह चट से उठकर खड़ा हुआ और पुजारी से सपने की बातें बतलाईं।

'पुजारी ने शिवजी के ऊपर का धतूर का एक फूल उठाकर उसे दिया और पीठ पर हाथ फेरते हुए बोला–"जाओ राउत, भोलानाथ तुम पर प्रसन्न हैं। ऐसा सपना यहाँ दस-बीस वर्षों में कोई एक-आध ही बड़भागी देखता है! जाओ, तुम्हारा मनोरथ पूर्ण हुआ..."

'बात ठीक ही थी। भैंस चरने तो नहीं निकली थी मगर दालान के आगे आकर खड़ी-खड़ी पागुर कर रही थी।

'वह खुशी के मारे गुजराती के गले से लगकर देर तक रोता रहा।

'सुना है, तभी से तेरा परदादा हर सोमवार को बालेश्वरनाथ पर जल ढारने जाता था।

'वह बहुत दिनों से बरगद का एक बिरवा खोज रहा था। मुझ पर उसकी दृष्टि अवश्य थी, किंतु शिवजी के मंदिर का एक अंग समझकर मेरी ओर से वह निरीह-निरपेक्ष हो गया था। जीर्णोद्धार होने लगा तो कारीगरों ने मेरे दुर्भाग्य के प्रति गहरी संवेदना प्रकट की। और तो वे कर ही क्या सकते थे, मंदिर के पिछवाड़े खुली जगह में छोटा-सा एक गढ़ा खोदकर उसमें मुझे उन्होंने लगा दिया। दरार के अंदर दूर तक मेरी रगें पहुँच गई थीं। मुझे स्वयं ही विस्मय हो रहा था कि नीरस-निचाट उस खोह में आखिर वह कौन-सी संजीवनी समाई हुई थी जिसकी वजह से मैं निष्प्राण नहीं हो पाया! वहाँ गारा-चूना ही नहीं, ईंटें तक मेरी नसों के घेरे में आ गई थीं। बड़ी मुश्किल से मुझे उनसे छुड़ाया गया था।

'तेरे परदादा ने एक बार डरते-डरते पुजारी से मेरे बारे में बातें की थीं।

'हुआ यह कि पुजारी का ख़सी एक बार मेरे टूसों को चबा गया। दिन-भर फुनगी से दूधिया रस बहता रहा, समझ ले कि आँसुओं की झड़ी लग गई। ख़सी पुजारी का दुलारा था, मुझे वहाँ कोई नहीं पूछता था। बाबा बालेश्वरनाथ के दरबार में पास-पास पाँच बरगद थे, दस पीपल थे और पाकड़ थे दो-तीन। दो-तीन बड़े-बड़े पेड़ आम के भी थे। पंचवटियों की उस गुलज़ार दुनिया में फिर मुझ-जैसे अदना बिरवा की किसी को क्यों परवाह रहती? बार-बार जी में आता कि किसी तरह सूख-साख जाऊँ तो हमेशा के लिए छुटकारा मिले। अपमान और ग्लानि के जीवन की अपेक्षा मृत्यु का कहीं अधिक श्रेय है...परंतु चार ही दिनों में फिर अपनी कायाकल्प देखकर आप ही मैं चकित रह जाता। वाह क्या खूब! दीपशिखा के समान लाल-लाल टूसों से मेरे शरीर की सन्धियाँ उल्लसित हो उठतीं और रग-रग में जीवन की लालसा बिजली भरने लगती। तेरे परदादा ने आख़िर मेरे चारों ओर ऊँची बाड़ लगा दी। साफ था कि उसके हृदय में मेरे लिए ममता घर

बना चुकी थी। खुलकर एक दिन उसने पुजारी से कहा—"महाराज, यह बिरवा मुझे दे दो। मैं इसकी सेवा जी-जान से करूँगा..."

'" दही-वही तो राउत तुमने बहुत दिनों से इधर नहीं खिलाया!"— एक-पर-एक दबे होंठों को सिकोड़कर पुजारी ने कहा; आँखें नचा लीं।

'हाथ जोड़कर तेरा परदादा बोला—"लो महाराज, कल ही आ जायगा।"

'"तो फिर कल ही अपना बिरवा तुम ले जाना राउत!" पुजारी ने हँसकर कहा।

'"नहीं जी, महूरत अच्छा पड़ेगा तब ले जाऊँगा," प्रसन्नता के भावों को दबाकर राउत बोला।

'मिट्टी के नए बर्तन में तीन-एक सेर दही और अलग सेर-भर घी अगले ही रोज पुजारी की सेवा में पहुँच गया।

'तीन दिन बाद शुभ मुहूर्त निकल आया और राउत मुझे यहाँ ले आए। थाला काटकर खाँचे में रखा गया, रस्सी के सहारे बाँस में लटकाकर दो जवानों ने मुझे ढोया था। राउत खाली हाथ पीछे-पीछे आए थे।

'पहले ले जाकर मैं तेरे दालान की ओरियानी में रखा गया। बैठक के बरामदे में छप्पर की छाँह थी। भादों की धूप कैसी करारी होती है! मेरे बारे में राउत को डर था—धूप में रखा रहेगा तो कुम्हला जायगा।

'तेरी परदादी ने घड़े-भर दूध से मुझे वहीं नहलाया, अपने हाथों से। पीछे, मेरे तने पर भिगोए चावलों की पीसी हुई पीठी की थापें पड़ीं। अधेड़ महिला के हाथ की हुलास-भरी हथेली का वह प्रथम स्पर्श मैं अब तक नहीं भूल सका हूँ। उस परस में माँ का नेह-छोह था, बड़ी बहन की ममता थी, दादी और नानी के आशीर्वाद थे। अरे, क्या नहीं था उसमें! सबकुछ था बेटा!

'और पीठी की थापों पर तेरी परदादी ने थोड़ा-थोड़ा सिंदूर भी लगा दिया। तब राउत ने तीरा और मधुरी के चटकीले फूलों की लंबी माला मेरे गले से लपेट दी। मेरा तना छड़ी-सा पतला था। वह माला

इस गले में बीसियों लपेटें खा गई थी...मेरी रग-रग एक अनोखी तरावट महसूस कर रही थी।

'इस गाँव में उन दिनों एक भारी पंडित थे। उमर नब्बे साल की हो चुकी थी। अपने ज़माने के पचासों विद्वानों को उन्होंने शास्त्रार्थ में पछाड़ा था। नगद और दुशाले दे-देकर बीसियों राजा-महाराजा उनका सम्मान कर चुके थे। वाद-विवाद का पूर्वपक्ष हो या उत्तरपक्ष, प्रतिद्वंद्वी विद्वान् देर तक उनके सामने नहीं टिक पाता। समकालीन पंडित-मंडली उनसे बेहद आतंकित रहती थी। यह आतंक पीछे श्रद्धा में बदल गया था शायद। विद्वानों की परिषद् ने आखिर एकमत होकर नैयायिकप्रवर चंद्रमणि मिश्र को 'तर्क-पंचानन' की उपाधि दी थी। तर्क-पंचानन महाशय अब कहीं जाते-आते नहीं थे। दौहित्र था जो कि हथुआ के महाराज का राजपंडित था। दूर-दूर से राजा-महाराजा और धनी-मानी लोग यदाकदा अब उनके दर्शनार्थ आया करते। कई दरबारों की तरफ से पंडितजी के नाम पर दान-दक्षिणा को छोटी-मोटी रकमें बँधी थीं। आसपास के पचास कोस के इलाकों में फैले हुए विद्वान् लोग तर्क-पंचानन से परामर्श ले जाते। तेरा परदादा छोटा था तभी से उनका भगत रहा। मुझे पीछे मालूम हुआ कि राउत ने दस वर्ष तक पंडितजी की सेवा-टहल में बिताए थे। वह अब भी घड़ी-आध घड़ी रोज उनके पास जाता और देह-हाथ-जाँघ चाँप-चूँप आता...राउत अब तक निपूता था, संतान के बारे में वह निराश हो चुका था। बरगद का बिरवा लगाकर अपना नाम जीवित रखने की उसकी लालसा इसी कारण दिन-दिन प्रबल होती आई थी। राउत के मन की व्यथा से बूढ़े पंडितजी वाकिफ़ थे। उसने पंडितजी से प्रार्थना कर रखी थी—"सरकार! मैं बरगद का जो बिरवा लगाऊँगा, उसे आप छूकर आशीर्वाद दीजिएगा; यही समझ लीजिएगा कि अपने बुद्धन के बेटा के कानों में आप मंत्र दे आए..." राउत को तर्क-पंचानन अपने ही धेवतों की तरह सगा समझते थे। उसकी यह प्रार्थना उन्होंने मान ली थी।

'सो उस रोज तिपहरिया की ढलती बेला में तेरा परदादा तर्क-पंचानन

महाराज को खटोले पर उठवा लाया।

'अँगनई में खटोला रखा गया। पंडितजी उस पर जैसे बैठे आए थे, उसी तरह बैठे रहे। मैं जिस खाँचे में था, उसे उठाकर खटोले के बिलकुल क़रीब रख दिया गया। टोले-मुहल्ले के सभी उमर के औरत-मर्द हमें घेरकर खड़े हो गए।

'राउत दोनों हाथ जोड़े, धोती का अद्धा गले में डाले, विह्वल मुद्रा में खड़ा था—ठीक उसी तरह जिस तरह बकरे की बलि के वक्त दस-भुजा दुर्गा के सामने यजमान खड़ा रहता है...

'पंडितजी ने फुनगीवाली मेरी टहनी दाहिने हाथ की उँगलियों से पकड़कर झुका ली :

'फिर उनके होंठ हिलने लगे। बिना दाँतों के मुँह में आहिस्ते-आहिस्ते चलती-फिरती जीभ बता रही थी कि तर्क-पंचानन कुछ मंत्र या श्लोक-जैसी पंक्तियों का पारायण कर रहे हैं। मुझे लगा कि उस महावृद्ध की काँपती हुई उँगलियों में से होकर लंबी आयु और स्वास्थ्य मेरे अंदर प्रवेश कर रहे हैं। मृदु और मधुर कंपनों से मेरा एक-एक पत्ता चंचल हो उठा। रग-रग में नवजीवन की उछलती ताजगी भर गई।

'पंडितजी की भौंहों के बाल पक-पककर न जाने कब के पीले पड़ चुके थे। गाल बेहद पोपले थे। धँसी-धँसी आँखों के अन्दर पुतलियाँ देखकर बिल में पड़ी कौड़ी याद आती थी। लगातार सुँघनी लेते रहने के कारण मूँछों का बिचला हिस्सा और नाक के पूड़ों का छोर भूरा पड़ गया था। गंजी-पोली चाँद मानो चिढ़कर चोटी के चंद बालों को बिलकुल चर गई थी। बदन का ढाँचा ही कुछ ऐसा हो गया था कि गोश्त की सत्ता लुप्तप्राय थी। गेहुँआ चाम से मढ़ी हड्डियों का वह टट्टर मृत्यु के देवाधिदेव यमराज के लिए खुली ललकार था मानो।

'उनके गले में सफेद मलमल की हलकी चादर पड़ी थी, पहनावे में पीले रंग की धोती थी।

'तर्क-पंचानन का समूचा माथा हिलता-डुलता रहता था। स्वर भी काँपा करते थे।

'काँपती हुई आवाज़ में पंडितजी ने राउत से कहा–"ले जा, अब इसे रोप आ बुधना!"

'"जी मालिक!" पुलकित ध्वनि में तेरा परदादा बोला और लोग मुझे अलग ले गए।

'राउत ने बूढ़े पंडित के पैरों पर माथा टेक दिया।

'उसके सिर पर तर्क-पंचानन के काँपते हाथ की अस्थिर हथेली फिर गई। कानों में कंपित स्वर गूँज गए–"नाहक मन छोटा करता है रे! अभी हुआ क्या है? तीस-बत्तीस वर्षों की तो तेरी आयु है...तू अवश्य पुत्र-पौत्र का मुख देखेगा...और यह बरगद भी अल्पायु नहीं, बल्कि शतंजीव-चिरंजीव होगा।..."

'अब भी राउत मत्था टेके हुए था। पंडित ने ठुड्डी पकड़कर उसके चेहरे को ऊपर उठने के लिए बाध्य किया।

'तेरा परदादा आँसू बहाए जा रहा था–निपूता होने का पछतावा पानी-पानी होकर आँखों के रास्ते निकला जा रहा था या कि कुछ और बात थी, भगवान जाने! राउत की यह विह्वलता मुझे भी भीतर-भीतर रुला रही थी।

'तब राउत घर के अंदर गया और गाढ़ी धोतियों का पीला जोड़ा लेता आया। धोतियाँ तह नहीं की हुई थीं, पल्लों में चुन्नटें डालकर नफासत से मरोड़ी हुई थीं। दोनों धोतियाँ महापंडित के चरणों में निवेदित करके वह एक ओर खड़ा रहा।

' "इनकी क्या जरूरत थी रे?" उन्होंने रुखाई से कहा तो तेरा परदादा दोनों हाथ जोड़कर बेहद झुक गया और होंठों की उसकी हदबंदी को तोड़कर मुश्किल से ये शब्द बाहर निकले–"मालिक, ढाका-राजशाही की पीतांबरी और नागपुर की रेशमी धोतियों का अंबार लगा है आपके घर में, मेरी भला क्या औक़ात है कि हुजूर के पैरों पर अपना माथा भी रख सकूँ? मगर कहावत है कि बंभोला को आकधतूर! जिसकी मोल कौड़ी भी नहीं, मदार और धतूर का वही फूल शंकरजी को पसंद आता है; कमल, चम्पा, जुही, केवड़ा और हरसिंगार के फूल

शिवजी के लिए ज़रा भी आकर्षण नहीं रखते। मालिक, इन्हें आप ज़रूर स्वीकार करें..."

'राउत की इस भावुकता के आगे तर्क-पंचानन सर्वथा मौन हो गए।

'उधर उनका खटोला उठा और इधर मेरा खाँचा उठा। सूर्यास्त होने से पहले ही नई जगह में बिरवा लगाने का मुहूर्त था न!

'यहाँ, रजबाँध के किनारे इस मैदान में गढ़ा खोदकर पहले ही से तैयार था। खाँचा-समेत मेरी जड़ों का थाला उसमें डाल दिया गया। पूरी ताकत लगाकर राउत ने अपनी बाँहों में मुझे उठा लिया, तब गढ़े में डाला था। औरों ने भी हाथ लगा रखे थे। हरे-हरे दो बाँस काट लाए गए थे। एक-एक बाँस को चीर-फाड़कर आठ-आठ लंबी लचकीली पट्टियाँ निकाल ली गईं। उन्हीं पट्टियों से टट्टर बुना गया था। गोल टट्टर, बाहर से हरा और अंदर से सफेद। ऐसी हवादार और नफीस बाड़ के अंदर रहने का सौभाग्य कभी प्राप्त होगा, अपने राम ने सपने में भी इस सुंदर सुरक्षा का खयाल नहीं किया।

'यह लंबा-चौड़ा रास्ता राजा की सवारी के लिए कभी बनाया था, इसीलिए इसका नाम पड़ गया रजबाँध...समझा न?'

'हाँ'—जैकिसुन का माथा हिला।

बटेश्वरनाथ ने कहा—'बेटा, घबरा तो नहीं रहा?'

तरुण श्रोता ने इशारे से बतलाया—'नहीं!'

'नींद आ रही होगी'—बुजुर्ग ने ठुड्डी में उँगली लगाकर पूछा—'दिन-भर का थका है न!'

जैकिसुन का माथा फिर निषेध मुद्रा में हिला। उसकी थकावट और नींद आज न जाने कहाँ उड़ गई थी। बस्ती रुपउली में खूब सोनेवाले चार-छः बहादुर जो थे उनमें एक जैकिसुन की भी शुमार होती थी। माँ या बहन या दुलहिन या कोई दूसरा झकझोर-झकझोरकर उसे उठाते तभी उसकी आँखें खुलतीं। झकझोरकर नींद से जगाने वाला कोई न होता तो सोलह-सोलह घंटे खींच ले जाता जैकिसुन। यों

दिन-दुपहर का खाना खाकर तीन घंटे और रात को सात घंटे वह सोता ही...और आज तो दिन-भर जैकिसुन इतना ज्यादा भटका था, सड़कों की इतनी अधिक धूल फाँकी थी आज कि तन-मन दोनों ही काबू से बाहर आ गए थे। मगर इस वक्त बाबा बटेश्वरनाथ के सामने वह अपने को बिलकुल ताजा-दम महसूस कर रहा था।

बाबा कहने लगा :

'पहले यह बाँध खूब चौड़ा था, अठारह हाथ या नौ गज कम नहीं हुआ करते! अब आधा रह गया है। किनारे-किनारे जिनकी ज़मीनें पड़ती हैं कुदालधारी उन चतुर किसानों की कृपा से इस पुराने राजमार्ग का कलेवर दिन-पर-दिन कृश होता आया है। छोटा खेतिहर होता एक-आध तो उसकी आँख में उँगली डालकर कोई बता भी देता और वह मान भी लेता अपना कसूर। लेकिन बड़े किसानों को कौन नाराज़ करे? क्यों साँप के बिल में कोई अपना हाथ डालेगा? और बड़े किसान एक-दूसरे की पोल जानते हैं, इसी से वे एक-दूसरे के लोभ-लाभ के प्रति काफी हद तक सहनशीलता को पकड़े रहते हैं।

'राजा की सवारी किसी ज़माने में इस रास्ते गुज़रती होगी। आजकल तो बुरा हाल है बेचारे का। रुपउली से लेकर धमियापट्टी तक, कोस-भर कच्चा—समझ ले डेढ़ मील! बस! उत्तर की ओर फिर भी यह रास्ता-जैसा लगता है मगर दच्छिन की ओर तो आगे चलकर पतला होता गया है; धमियापट्टी के करीब जाकर इस रजबाँध ने बिलकुल एक मेंड़ की शकल अख्तियार कर ली है...ज़माने का जादू है यह भी बाबू!

'रजबाँध से पूरब डेढ़ कोस का सपाट मैदान यह देख ही रहा है तू! बड़ी उपजाऊ है यह सारी ज़मीन। बीचोबीच निचली सतह के जो खेत हैं, बरसात के मौसम में वहाँ आज से पचास वर्ष पहले झील लहराया करती थी। बाहरवाले उसे 'बुढ़िया टाल' कहा करते थे।

'भादों का महीना था। वर्षा काफी हो चुकी थी। खेतों में धान के पौधे लहरा रहे थे। मुझे अब ऐसी जगह मिली थी जहाँ मैं खुलकर साँस ले सकता था। आस-पास कोई बड़ा पेड़ नहीं था। हाँ, गूलर का

एक कुबड़ा दरख़्त मुझसे ज़रा उत्तर की ओर ज़रूर था। वह पुराना भी काफी था...उसे नज़दीक पाकर मुझे खूब तसल्ली हुई थी। एक से दो भला। मगर बार-बार पूछे जाने पर कभी कुछ नहीं बोला वह! इससे मैं झुँझला-झुँझला उठता था। बाद को पता चला कि यह उसकी लाचारी थी।

'पूरब की ओर झील लहरा रही थी। पच्छिम कुछ खेतों में पाट के पौधे लहलहा रहे थे। ऊँची सतह के खेत ही उस ओर थे जिनमें चीना, साँवाँ और मडुआ की फसलें खड़ी थीं। दच्छिन दूर तक धान के निरोग पौधों की घनी खेती छा रही थी और धमियापट्टी के लिपी-पुती भीतोंवाले घर जगमगा रहे थे। उत्तर की ओर तो यह तेरी बस्ती रुपउली अब भी नज़दीक है और तब भी नज़दीक थी। गाँव के बीच-बीच में बाँसों की झुरमुटें, आम-इमली-जामुन और पाकड़-पीपल के छिटपुट पेड़ अपनी इस तिरहुत-भूमि की एक बड़ी विशेषता है।

'मैंने जो पहली रात यहाँ बिताई, काले पाख की तेरस थी। आसमान खूब साफ था। कुदरत के उस नीले चँदोवे में तारों के नफीस मोती टँके हुए थे।

'उस रात मैं अपने अंदर हरारत महसूस कर रहा था। नींद आ रही थी। पत्तों की मेरी डंठलें सुस्त पड़ रही थीं और थकावट के मारे नस-नस में सूनापन-सा छा रहा था।

'हवा में दूध की गंध पाकर इतने में एक गीदड़ आ पहुँचा। बाड़ के बाहर कई चक्कर लगाकर बेचारा लौट गया...

'भैंस की पीठ पर बैठकर किसी चरवाहे ने रात के आखिरी पहर में तान छेड़ी। उस गले में गज़ब की मिठास थी बेटा! उस गीत के कुछ पद मुझे अब तक याद हैं; सुनेगा?'

जैकिसुन का माथा हिला।

बाबा गुनगुनाने लगा—

'उमर बीत गई
बाल पकने लग गए

पिछले बारह वर्षों से
इस आँचल में गाँठ बाँध रखी है मैंने
आने का लेता है तो भी नहीं नाम
निठुर मेरा दुसाध...
राजा सलहेस प्रीतम मेरे!
तेरे नाम पर गाँठ बाँध रखी है
अपने आँचल में मैंने
ओ निठुर! निर्मोही!!'

गीत के ये पद जैकिसुन ने आज तक नहीं सुने थे। यह तो उसे मालूम था कि सलहेस दुसाधों का वीर पुरुष था, महाराज। कुसुमा दोना उसकी प्रेयसी थी। लेकिन सलहेस के बारे में गाए जानेवाले पद इतने मार्मिक हो सकते हैं, जैकिसुन को इसकी कोई कल्पना नहीं थी।

उसके चेहरे पर हुलास की रोशनी छा गई। बाबा उन पदों का यह असर देखकर स्वयं भी पुलकित हुआ और बोलने लगा :

'फिर मैंने लाख चाहा कि दुबारा कोई ये पद सुना जाय, लेकिन वह लालसा कभी पूरी नहीं हुई बच्चा! कभी नहीं!! कभी नहीं!!! पता नहीं, उस जवान चरवाहे का क्या हुआ? दूसरी बार उसे फिर कहाँ देख सका! कुछ दिनों बाद सुना कि बड़े घराने की एक बाल-विधवा उस पर अपना तन-मन निछावर कर चुकी थी। पकड़े जाने पर वह कत्ल कर दिया गया और अगले ही रोज़ लड़की तालाब में बेजान तिरती पाई गई।

'हमउम्र साथियों की कमी मेरी छोटी-छोटी उमर के चरवाहों से पूरी होने लगी।

'अपने बारे में खुद मैं भी उतना उत्सुक नहीं रहता जितने कि चरवाहे। वे मुझे दिन-भर घेरे रहते। उचक-उचककर बाड़ के अंदर झाँका करते। जो बेचारे उचककर भी ऊपर से मुझे नहीं झाँक पाते, बाड़वाले टट्टर की सूराखों में अपनी छोटी-छोटी आँखें सटाकर वे देर-देर तक अंदर मेरी शकल-सूरत निहारते रहते। भैंसें चराने के लिए लड़के

ही आते, लेकिन गाय और बैल चराने के लिए जब-तब लड़कियाँ भी आतीं।

'चौदह-चौदह, सोलह-सोलह साल की लड़कियाँ उचक-उचककर बाड़ के अंदर हाथ डालतीं। अपनी खुरदरी हथेलियाँ वह मेरे तन पर फेरा करतीं, कड़ी उँगलियों से पत्ते हलरातीं और छूतीं। प्यार और ममता-भरी उनकी वह कड़ी परस मेरे लिए संजीवनी सुधा थी। नया टूसा फूट निकलता तो मुझे खुद उतनी खुशी नहीं होती जितनी कि बस्ती रुपउली की उन अल्हड़ चरवाहिनों को।

'मैला-चीकट, दसियों पैबंद लगा, घुटनों तक का कपड़ा इन छोकरियों का पहनावा हुआ करता। सिर पर बालों के सूखे गुच्छे घोंसलों-जैसे लगते। गले में नीले काँच के बारीक़ दानों की एक-आध लड़ी। बाँहों में, घुटनों पर, हाथों पर और पेट पर गुदना—किसी के न भी होता...अब तो ख़ैर गुदना की रिवाज़ नाम-भर को रह गई है, लेकिन उन दिनों यह एक आम रिवाज़ थी। तेरी परदादी का तो समूचा बदन गुदनों से भरा था!'

आश्चर्य से जैकिसुन की आँखें बड़ी-बड़ी हो गईं। उसकी माँ के बदन में गुदना के दो ही तीन निशान थे। लेकिन बाबा तो यह सौ साल पुरानी बात बता रहा था न? जैकिसुन को अपनी औरत का गेहुँआ शरीर याद आया जिसमें गुदना का एक भी निशान नहीं था।

बटेश्वरनाथ कहने लगे :

'चरवाहे गीली-चिकनी मिट्टी की पट्टियाँ बनाते और मेरे शरीर पर उन्हें थोप देते। ऐसा वे उस वक्त किया करते जब कि कड़ी धूप के कारण करारी गरमी पड़ रही होती। उनका कहना था कि गीली मिट्टी की पट्टियाँ लगाने से बिरवा पर गरमी का असर बिलकुल नहीं पड़ेगा... कितना ख़याल वे मेरा रखते थे! मैं तो सोच-सोचकर दंग रहता बेटा!

'धरती का रस, खाद, धूप, हवा, पानी और तेरे परदादा का लाड़-प्यार पाकर तथा रुपउली के एक-एक व्यक्ति का स्नेह पाकर मैं तेज़ी से बड़ा होने लगा। अब दरार के अंदर की वह तंग दुनिया याद

आती तो बार-बार मैं शिवजी को धन्यवाद दिया करता। अब तो बेटा, मैं राजकुमार की तरह लोगों की आँखों का तारा था।

'राउत रोज़ शाम के वक्त आकर मुझे देख जाते। महीने में एक बार बाड़ हटवा देते। फिर खुर्पी लेकर अपने हाथों मेरा थाला सँवारते। बड़ी होशियारी से जड़ की ऊपरी मिट्टी खोदते, उसे उलट-पलटकर भुरभुरा बना डालते। कभी तालाब के अंदर से सेंवार और कुम्भी ले आते। उन्हें थाले में चारों ओर फैला देते। सेंवार और कुम्भी गल-पचकर अव्वल दर्जे की खाद बन जाती हैं...जब तक राउत जिए, मुझे सेंवार और कुम्भी की खुराक साल में तीन बार मिलती रही।'

5

जैकिसुन बड़े ग़ौर से सुन रहा था।

जेठ की पूर्णिमा का चंद्रमा आकाश में काफी ऊपर उठ आया था। निचली सतह के खेतों में धान के अंकुर निकल आए थे। चाँदनी रात में वे ऐसे लग रहे थे मानो सादे मैदान में ब्लू-ब्लैक की स्याही दूर-दूर तक फैला दी गई हो या कि न दिखाई पड़ने वाले मेघों की छाया पड़ रही हो...

था तो आजकल यह आमों का मौसम लेकिन प्रकृति देवी अब की नाराज़ थी। कसम खाने को भी इस बार आम के पेड़ों में फल नहीं लगे थे। यहाँ-वहाँ छिट-पुट तौर पर दस-पाँच झाड़ों में बौरें निकलीं भी तो बेकार। चैत की आँधियाँ उन थोड़ी-कुछ अंबियों को चौपट कर गई थीं; अचार और चटनी तक आमों की दुर्लभ थी अब की...

आमों का ज़ोर होता तो जैकिसुन कहीं इस तरह बरगद के तले यह रात गुजारता?

उसके दादा ने मीठे आमों के दस पेड़ लगाए थे। उनमें से छः अब भी मौजूद थे। पिछले साल उनकी डालें फलों के बोझ से झुक आई थीं। झोंपड़ीवाला मचान खड़ा किया था जैकिसुन ने। लाठी, टार्च और तकिया-कंबल लेकर शाम को वह रोज़ निकल जाता बाग़ों की ओर। आमों की रखवाली का यह सिलसिला डेढ़-दो महीने तक चला था। आमों के मौसम में कौन गृहस्थ अपने बाग़ की रखवाली नहीं करता?

और, संयोग की बात कहिए या कुछ भी कहिए, अब की आमों की प्रसव-शक्ति एकदम गायब हो गई थी। लीचियों के बाद अब बच्चे आमों के नाम जपा करते और उनकी यह बेताबी माँ-बाप के दिल दुखा जाती।

जैकिसुन आज दरभंगा के टावर-चौक से रुपए के दस बड़े आम ले आया था–'बंबई' आम। लाया तो था बच्चों के नाम, पर लेकिन माँ ने नहीं माना। बोली–"ले! तू कहाँ का भीखम पितामह है! तेरे बेटे आम खाएँगे तो मेरा बेटा नहीं खाएगा?" बाल्टी में पड़े थे, उठाकर दो बड़े आम बुढ़िया ने जैकिसुन की थाली में डाल दिए...

अहीरों का यह खानदान पिछली पाँच पीढ़ियों से इकलौता ही चला आया था। जैकिसुन अपनी माँ का बेटा भी था, बेटी भी था; जेठा-मँझला और छोटा सबकुछ अकेला वही था। हाँ, अब आकर इस पीढ़ी में दैव की दया से दो बच्चे हुए थे और एक फिर होनेवाला था।

खाकर उठते वक्त वह बोला था–"फिर ले आऊँगा, तुम भी ज़रूर यह आम खाना। ऐसा बढ़िया 'बंबई' कभी नहीं चखा होगा..."

"हाँ, रे! देखने में भी ये आम बड़े खूबसूरत हैं," बुढ़िया ने कहा और बाल्टी से उठाकर एक आम सूँघने लगी। सूँघते-सूँघते माथा हिलाने लगी और आँखें नचाकर बोली–"जभी तो! देख न, छिलकों पर कैसी भीड़ जुट आई है चींटियों की!"

"ऐसे नहीं अम्मा, खाकर देख!" जैकिसुन आँखें फैलाकर बोला तो उसने कहा–"तो छोड़ थोड़े दूँगी इन्हें? एक बहू खाएगी, एक मैं... भला, कहाँ के हैं ये आम?"

हाथ-मुँह धोकर आया तो फिर जैकिसुन ने माँ से कहा–"दरभंगा में महाराज के खास बाग हैं कई। यह वहीं के आम हैं। जमींदारी तो अब सरकार ले रही है। इन बागों के फल पहले कभी नहीं बिके; दरबारियों और बड़े अफसरों के यहाँ सौगात की तौर पर पहुँचते थे। अब महाराज को दिखलावे की उतनी परवाह नहीं है जितनी कि स्टेट की ज्यादा-से-ज्यादा चीज-बस्त औने-पौने दाम पर बेचकर नगद रकम

बना लेने की है...यह आम भी शायद इसीलिए बाजार में मिल गया है अम्मा!"

सो, अब तक जैकिसुन के दाहिने हाथ से 'बंबई' की खुशबू आ रही थी। उसका जी हुआ कि बाबा को अपना हाथ सुँघा दे।

जैकिसुन ने दाहिना हाथ बाबा की नाक की तरफ उठाया।

बाबा ने चट से गर्दन झुका दी। उसकी लंबी नाक जैकिसुन के दाहिने हाथ को सूँघने लगी...

बाबा देर तक उसके दाहिने हाथ से 'बंबई' आम की सुगंध लेता रहा और नथने फड़काता रहा। अपना भारी माथा हिलाकर बटेश्वरनाथ बोला :

'आम की ऐसी बढ़िया खुशबू तो मेरे लिए बिलकुल नई बात है बेटा! अपन तो सीधे-सादे ढंग के देहाती बरगद ठहरे! क्या पता कि कैसा दिव्य फल आज तूने खाया है...इतना तो मालूम हो गया कि यह बंबइया किस्म का क़लमी आम रहा होगा कोई; जेठ महीने की अमावस सुहागिन औरतों के लिए त्यौहार की तिथि हुआ करती है। उस दिन वे हमारी पूजा करती हैं। बड़े घरानों की सधवा स्त्रियाँ थालों में 'बंबई'-आम के क़तरे सजाकर न जाने कितना नैवेद्य प्रति वर्ष मेरे सामने रखती आई हैं! परंतु तेरे हाथ से जो सुगंध आ रही है वह तो गज़ब की है रे! कहाँ से लाया था यह आम?'

जैकिसुन मसोसकर रह गया कि होंठ खुलें और वह बतलाए इस आम के बारे में!

क्षण-भर बाद बाबा खुद ही कहने लगा :

'सुना है, दरभंगा और मधुबनी के बाज़ारों में अब उन बागों के फल बिकने आते हैं, साधारण लोगों तक जिनकी हवा तक कभी नहीं पहुँची। पहरेदारों की कड़ी निगरानी के कारण गौरैया तक जिसमें कभी चोंच न डाल सकी, उन पोखरों की रुपहली मछलियाँ अब तराजू पर सरेआम तुलती हैं। जाते-जाते भी ये राजा, ज़मींदार, भूस्वामी, सामंत चाँदी काट रहे हैं। घोड़े की कीमत पर वे हाथी हटा रहे हैं, बछड़े की

कीमत पर घोड़ा; और बछड़ा?

'बछड़ा बिल्ली की कीमत पर!

'दरी की कीमत पर शामियाना बिक रहा है, रूमाल की कीमत पर दरी बिक रही है!

'ताँबा, पीतल और काँसा के दस-दस, बीस-बीस मन वजनोंवाले बर्तन रातों-रात ठठेरों के यहाँ पहुँचाए जा रहे हैं!

'सुनारों और जौहरियों की व्यस्तता इधर काफी बढ़ गई है...

'और तेरी यह आजाद सरकार इन सामंती श्रीमंतों को ज्यादा-से-ज्यादा हरजाना देने की तिकड़में भिड़ा रही है। व्यक्तिगत संपत्ति के वाजिब हक़ों का दायरा बेहद बढ़ाकर जमींदारी प्रथा का यह जो नकली श्राद्ध कांग्रेसी लोग कर रहे हैं, क्या नतीजा निकलेगा इसका?'

जैकिसुन गर्दन ऊँची करके बाबा के चेहरे की ओर देखने लगा। इन्हें कितनी बातें मालूम हैं!—उसके विस्मय का कोई अंत नहीं था। लेकिन अभी जैकिसुन उनके मुँह से पुराने ज़माने के बारे में सुनना चाहता था। मौजूदा सवालों की अँतड़ियाँ तो वह खुद भी रोज़ उधेड़ा करता। बस्ती रुपउली के अंदर आधा दर्जन ऐसे जवान थे जो शासन की वर्तमान व्यवस्था के निठुर आलोचक थे। मगर ठीक-ठिकाने से पिछली बातें बताने वाला वहाँ कोई नहीं था।

गौरैया का चूज़ा सो रहा था बाबा की गोद में। उसकी तरफ माँ की ममता-भरी निगाहों से देखता हुआ अब वह कहने लगा :

'तीन वर्षों के दौरान में तीन बार बाड़ बदली गई। चौथी दफ़ा बाड़ बदलने की जरूरत इसलिए नहीं पड़ी कि अब मैं बड़ा हो आया था—इतना बड़ा कि कद्दावर-से-कद्दावर भैंस-गाय का मुँह मेरे कंधों तक नहीं पहुँच पाता?

'अब मेरी देह मूसल जितनी मोटी हो गई थी। नीचे की तीन टहनियों को राउत ने पिछले वर्षों में छाँट डाला था। बच्चे की छठवीं उँगली को माँ-बाप कटवा देते हैं, मेरी टहनियाँ काटते वक्त राउत की भी वही भावना रहती थी। पीले पत्ते, सूखी छाल या टूसों की सूखी कोर

अक्सर राउत खुद हटा दिया करते और अलग खड़े होकर मुझे देर-देर तक एकटक निगाहों से देखा करते।

'अब मेरी चार-पाँच डालें हो गई थीं। टहनियाँ तो बीसियों थीं। पत्ते बड़े-बड़े, जिनकी चिकनी हरियाली आँखवालों को जुड़ाती थी; नए-नए पत्ते अपनी सिंदूरी सूरत के कारण उगते सूरज और दहकती आग के अंदर डाह पैदा कर देते।

'जो हाथी के पोढ़े दाँतों की सूरत होती है, उन दिनों मेरी छालों की वही सूरत थी। भीनी-भीनी-सी कसैली खुशबू उन छालों की एक खास खूबी थी। जो भी क़रीब आता, नथने फैलाकर गहरी साँसें खींचा करता। चर चुकने के बाद बथानों की ओर लौटनेवाले ढोर-डंगर मुझे ज़रूर सूँघते जाते।

'उस वर्ष पहली बार मेरी टहनियों में फलियाँ लगी थीं। पकने पर जंगली गूलर के फलों-जैसी लाल-सुर्ख और उतनी ही बड़ी दिखाई देती थीं।

'राउत ने देखा तो बोले—"मसें भीग रही हैं इसके तो अब!"

'यह सुनकर शर्म-सी लगी मुझे! नए पत्तों की लाली फैलकर मानो कंधों तक आ पहुँची।

'अरे, किसी ने सुन तो नहीं लिया राउत ने जो कुछ कहा? मैंने देखा, आस-पास कोई नहीं था। उधर, एक तरफ को वही बुड्ढा-बौना गूलर अपना झख मार रहा था।

'अगले ही दिन राउत ने मौलसिरी के ताज़ा फूलों की माला डाल दी मेरे गले में।

'लेकिन वह माला दो ही रोज़ मेरे सीने पर झूल पाई बेटा!'

जैकिसुन ने प्रश्नसूचक दृष्टि से बाबा की तरफ देखा। बटेश्वरनाथ के चेहरे पर कुढ़न या परेशानी नहीं, बल्कि अंदेसा निखर आया था--वह अंदेसा जो कमसिन छोकरों की तरफ बुजुर्गों में देखा जाता है।

बाबा की जीभ चलने लगी :

'बाईस साल की एक बहू रोज़ अपने खेत में राख और गोबर

डालने आती थी। उसकी ज़मीन यहाँ से ज़रा-सा पच्छिम पड़ती थी। तीसरे दिन उस माला पर उसकी निगाह आई। थोड़ी देर तक तो वह मूरत की तरह रास्ते पर खड़ी रही, फिर टोकरी अलग रखकर करीब आई। चेहरे पर चेचक के दाग थे। आँखें बड़ी-बड़ी थीं—कानों को छूती हुई-सी। बदन कठमस्त था...'

बाबा ज़रा-सा ठिठके, फिर बोलने लगे :

'इससे पहले कोई जवान औरत इस क़दर मेरे क़रीब कहाँ आई थी। नहीं बेटा, नहीं आई थी रे! फिर क्या हुआ?'

जैकिसुन आवश्यकता से अधिक सावधान हो उठा क्योंकि बाबा ने पिछले शब्दों पर ज़ोरों का झटका दिया था। फुर्ती ने उसकी रीढ़ को तान दिया।

बाबा बटेश्वरनाथ कहता गया :

'हुआ यह कि तरुण नारी-देह की विलक्षण गंध पाकर मेरी रग-रग स्पन्दित हो उठी, पत्ते जल्दी-जल्दी हिलने लगे और टूसों की कोखें दहकने लगीं।

'बिलकुल पास आई तो मेरे कंधों पर दाहिना हाथ डाला और कुछ सोचने लगी। मुझे महसूस हुआ कि ज्यादा देर तक अगर इसने अपना हाथ मेरे कंधे पर रखा तो छालें पानी-पानी होकर बह जाएँगी...

'जल्दी-जल्दी में उसने वह माला उतार ली। उतार क्या ली? जहाँ उसमें धागे की गाँठ थी वहाँ से तोड़ डाला था। तक़लीफ तो मुझे ज़रूर हुई। आख़िर राउत ने उतने प्यार से मौलसिरी के फूलों की वह माला मेरे लिए बनवाई थी और खुद अपने हाथों से इस गले में डाला था! मगर यह सोचकर कि चलो बेचारी अपने प्रीतम को रिझाएगी इस माला के ज़रिए, अपने-आपको तसल्ली दे ली।

'मेरे गले से माला नदारद देखकर तेरे परदादा को बेहद रंज हुआ था।

'उसी वर्ष, क्वाँर के महीने में तेरा दादा पैदा हुआ। बूढ़े पंडितराज का आशीर्वाद चार साल बाद लोगों के सामने था।

'फसल उस बार ऐसी अच्छी आई थी कि किसानों के रोएँ-रोएँ से खुशी का फव्वारा छूटता था। ऐसा लगता था कि कम-से-कम साल-भर तो अब की लछमी महारानी का पद्मासन इसी इलाके में रहेगा। राजा खुश था। ज़मींदार खुश थे। गृहस्थ खुश थे। बनिहार और मजदूर खुश थे। अधिक भिक्षा की आशा में भिखमंगों की भी खुशियों का ठिकाना नहीं था। तीर्थों के पंडे और मंदिरों के पुजारी उत्साह से भर उठे थे, उनकी श्रद्धा-भक्ति गहरी हो आई थी।

'उस ज़माने में तेरी बस्ती की आबादी इतनी ज्यादा नहीं थी। कुल मिलाकर सत्तर परिवार थे। बच्चे-बूढ़े-जवान-अधेड़ सभी औरत-मर्दों की तादाद तीन सौ से ऊपर नहीं थी। लोग मजबूत काठी के हुआ करते थे। बीमारियों की यह किचिर-किचिर हमेशा नहीं लगी रहती थी। आजकल की अपेक्षा रहन-सहन उन दिनों कहीं ज्यादा सादा था। मिर्जई, दुपलिया टोपी, चमरौंधा जूता और पतले बाँस की नकुली छड़ी जिसका सिर चाँदी के पत्तर से मढ़ा होता—मँझली और ऊँची हैसियतवालों का यही बाना था। राजा, बाबू-बबुआन, ज़मींदार, दीवान और राजपुरोहित-राजपंडित लोग छोटे लाट की दरबारदारी में जाते तो चुस्त पाजामा, शेरवानी, पेचदार पगड़ी और दिल्लीवाले जूतों में हुआ करते।

'तेरा परदादा चार गज की गाढ़ी धोती और ढाई गज की चादर लेकर पहुनाई करने निकलता था। जूते उसके कभी नहीं देखे मैंने।

'पूस-माघ में उस वर्ष धान जब खलिहान में तौला गया तो मालूम हुआ कि तीन गुनी उपज हुई थी। लोगों ने अनाज बेच-बेचकर कर्ज की पिछली रकमें चुकाईं और शादी-ब्याह, मूड़न-छेदन, जनेऊ-उपनयन, तीर्थ-वर्त वगैरह कामों में खुलकर खर्च किया।

'राउत की खेती-गिरस्ती खूब साफ-सुथरी थी। शायद ही उसे कभी कर्ज लेना पड़ा हो। बेर-कुबेर के लिए वह चार पैसे सँभालकर रखता था। कभी मैंने तेरे परदादा को हाय-हाय करते नहीं पाया। उस साल रुपए का चार मन धान बिका था। राउत चाहता तो सौ मन बेच लेता लेकिन नहीं। क्या ज़रूरत थी रुपयों की। सुखा-सुखूकर सौ मन

धान तेरी परदादी ने कोठार में डाल ली।

'अभी रेल नहीं खुली थी। जाने-आने के लिए हाथी, घोड़ा, ऊँट, बैलगाड़ी, पालकी-तामदान, सगड़ या इक्का और खटोला वगैरह की मदद ली जाती थी। इस साल चैत में वारुणी का परब आया तो राउत पाँव-पैदल गंगा नहा आए—सिमरिया घाट जाकर। गंगाजल और गंगामाटी लाए थे साथ। चुल्लू-भर गंगाजल उन्होंने मुझ पर भी छिड़क दिया और तनिक-सी गंगामाटी सीने में लगा दी। वह अकेले नहीं गए थे गंगा, गाँव के दस-बारह आदमी जोट बाँधकर गए थे—बोलते-बतियाते और हँसते-गाते। चावल-दाल, नमक-मिर्च, घी-तेल...सीधा का सारा सामान था। बर्तन भी साथ थे—तसला, बटलोई, कड़ाही, कलछी, थाली-बाटी, लोटा-गिलास। जमात में दो औरतें थीं, इससे रसोई-पानी का बड़ा आराम रहा। दो दिन जाने में, दो दिन आने में। दो रोज घाट पर गंगा मइया की गोदी में। महीनों इसी का बखान चलता रहा। जो नहीं जा सके थे वे मुँह बा-बाकर सुना करते; जो लोग हो आए थे, यात्रा की चर्चा करते-करते उनकी जीभ थकना मानो जानती ही नहीं थी।

'राउत ने अब मेरी जड़ों में गोल-मोल-सा एक छोटा चबूतरा बना दिया।

'हर सोमवार को सबेरे आकर तेरी परदादी मेरी जड़ों में लोटा-भर जल ढालने लगी तो इसमें मैं बहुत खुश हुआ।

'अगले वैशाख में राजा के मझले कुमार की शादी हुई। शुक्ल पक्ष की दसमी थी। बारात इसी रास्ते गुजरी थी। नौकर-चाकर मिलाकर सौ आदमी रहे होंगे। कंधों पर बाँस रखकर सोलह बेगार भारी-सी एक तख़्तपोश ढोए जा रहे थे, उस पर दरी और जाजिम बिछी थी। मय साज-बाज के एक रंडी उस तख़्तपोश पर नाच रही थी—तबला-डुग्गी, सारंगी, मजीरा सब साथ दे रहे थे।...वैसा अद्भुत दृश्य मैंने फिर कभी नहीं देखा बेटा! न, कभी नहीं!!'

जैकिसुन को अपने कानों पर यकीन नहीं हुआ...बारात में साथ चलते बेगारों के कंधे! कंधों पर बाँस और बाँसों पर तख़्तपोश!

तख्तपोश पर साज-बाज समेत एक बाईजी नाच रही हैं और राजा का बेटा ब्याह करने जा रहा है...

'कैसी अजीब बात सुना रहे हैं बाबा'—जैकिसुन ने सोचा और उसके रोंगटे खड़े हो गए।

दम मारकर बाबा कहने लगा :

'आज तो इन बातों पर सहसा विश्वास नहीं करेगा कोई, किंतु सौ वर्ष पहले दरअसल अपने इन इलाकों में जमींदार सर्वेसर्वा हुआ करता था। रियाया से बेठ-बेगार लेना उसका सहज अधिकार था...वह रोब! वह दबदबा! वह अकड़! वह शान! वह तानाशाही! वह जोर! वह जुल्म! क्या बताऊँ, बेटा?

'छोटी औक़ात के और नीची जात के लोगों को तो ख़ैर वह कीड़े-मकोड़े समझता ही था, अच्छी-अच्छी हैसियत के भले-खासे व्यक्तियों से वक्त-बेवक्त नाक रगड़वाता था ज़मींदार।

'औसत हैसियत का एक गृहस्थ था शत्रुमर्दन राय। अरे, इसी जीवनाथ का दादा...'

जैकिसुन ने सोए हुए एक जवान की ओर निगाह फेरी—जीवनाथ! अजी, यह जीवनाथ तो उसका साथी था। दरजा आठ तक पढ़ा-लिखा और अब मेहनती किसान...टुनाइ पाठक और जैनरायन की आँखों का काँटा...तो, इसके दादा के साथ ज़मींदार ने कोई बदसलूकी की होगी—

जैकिसुन बार-बार अपने उस साथी की तरफ देखने लगा।

बाबा ने कहा :

'गाढ़ी नींद सो रहा है जीवनाथ। बड़ा मेहनती और ईमानदार लड़का है। इसकी सूझ-समझ भी काफी पैनी है रे!'

'हाँ बाबा!'—मन-ही-मन जैकिसुन बोला, 'यही तो हमारा लीडर है...'

बाबा कहता गया :

'बस्ती रुपउली में आम लोगों के दुख-सुख की जैसी चिंता यह पट्ठा रखता है, उसका दसवाँ हिस्सा भी अभी तेरे अंदर मैं नहीं पाता

हूँ। क्यों, है न ठीक?'

'हाँ' की मुद्रा में जैकिसुन ने सिर हिलाया।

बाबा ने कहा :

'शत्रुमर्दन राय सीधा-साधा मेहनती खेतिहर था। उसके बाप ने राजाबहादुर रमादत्तसिंह से तीस रुपए सूद पर लिए थे। बाप कर्ज की वह रकम नहीं चुका सका। कर्ज की रकम सूद-दर-सूद का पैसा-अधन्ना पी-पीकर मोटी होती गई। अपनी ईमानदारी और पैनी सूझ-बूझ के कारण शत्रुमर्दन राय गँवई पंचायत का बेज़ाब्ता मुखिया समझा जाता था।

'पंडित चंद्रमणि का छोटा धेवता अपने नाना और भाई के बल पर लुच्चों का सरग़ना हो उठा था। गाँव की बहू-बेटियों की आबरू उतारना, भरे तालाब की निकास का रास्ता खोलकर रातों-रात मछलियाँ भगा देना, बाग के नए पेड़ कटवा डालना, भैंस और बैल लापता कर देना, किसी के खिलाफ झूठ-मूठ ज़मींदार के कान भरना...कोई भी कुकर्म उससे छूटा नहीं था।

'गाँव की पंचायत ने एक बार उसे मामूली सजा दी–सजा क्या दी, दो रुपए का जुरमाना ठोक दिया। बाकी पंच दुविधा में थे, लेकिन शत्रुमर्दन राय ने साफ-साफ कहा–"चाहे कुछ हो, हमें बगैर किसी रू-रियायत के इस बलिभद्दर से कैफ़ियत तलब करना चाहिए..." बलिभद्दर रायजी पर बड़ा गुस्सा हुआ और उठकर चला गया। रायजी ने ज़ोर डाला तो पंचायत ने मुज़रिम पर दो रुपए का जुरमाना ठोका।

'राजाबहादुर का छोटा भाई बलिभद्दर को खूब मानता था। इस तरह, उसके लिए शत्रुमर्दन राय के खिलाफ मालिक के कान भरना-भरवाना बाएँ हाथ का खेल था।

'आखिर राजाबहादुर के कान रायजी के खिलाफ खूब भरे गए।

'राजाबहादुर के दरबार में दस भोजपुरिया लठैत 'प्यादा' के नाम पर पलते थे।

'एक रोज सबेरे एक प्यादा रायजी के घर आ धमका–"तलबी

है बाबू सतुरमर्दन राय की!"

"'बिच्छू के डंक-सी कड़ी मूँछें, सिल-सा सपाट सीना...छोटी-छोटी आँखें, छोटे-छोटे बाल, तगड़ी डील और कद्दावर डौल! साढ़े चार हाथ का ऊँचा लट्ठ सँभाले–सरसों का तेल चुपड़-चुपड़कर पोता हुआ लट्ठ! किसी ने सहमते-सहमते पूछ दिया–"क्या नाम है आपका सिपाहीजी?"

'"हवलदार पांडे..." अकड़ी हुई आवाज लोगों के कानों से टकरा गई। डेढ़ सेर चावल, पावभर दाल, दो सेर की ताजी हरी लौकी और ऊपर से एक अधन्ना...सिपाही जी को असामी की तरफ से सीधा मिला और जवाब मिला– "कल हाज़िर होऊँगा।"

'रायजी समझ तो गए ही कि क्या होनेवाला है और इसके पीछे कौन-सा सूत्र काम कर रहा है!

'वह दिन-भर परेशान रहे कि कहीं से चालीस रुपए चाहे जैसे भी मिल जाएँ लेकिन कोई सूरत नहीं निकली। बेटा, वह रुपयों का ज़माना तो था नहीं, जिन्सों और मालों का ज़माना था। रुपए में तीन-तीन चार-चार मन तक धान मिलते थे; दो-दो, ढाई-ढाई मन चावल। सात सेर, छः सेर घी आता था, डेढ़-दो मन गुड़। कौड़ियाँ पैसों की जगह इस्तेमाल होती थीं। नोट का चलन बिलकुल नहीं हुआ था...आज तो एक बीघा उपजाऊ जमीन ढाई-ढाई, तीन-तीन हजार रुपए पर उठती है! उन दिनों पच्चीस रुपए मिलते थे एक बीघा धनहर खेत के। आज तेरी बस्ती के पचासों आदमी बाहर रुपए कमा रहे हैं। यहाँ के किसान हर साल अनाज बेचकर हजारों की खड़ी रकम बनाते हैं।

'तो, दिन-भर परेशान रहा शत्रुमर्दन राय, लेकिन रुपए दस भी देने को कोई तैयार नहीं हुआ।

'जी कड़ा करके अगले दिन सबेरे वह राजाबहादुर के सामने हाज़िर हुआ। हाथ जोड़कर बोला–"हुजूर! गरीबनेवाज! उतनी रकम के बदले जमीन कबाला करा लीजिए! दुहाई सरकार की! या, फिर, दो महीने की मुहलत मिले..."

'गर्दन-समेत माथा हिलाकर राजाबहादुर ने कहा–"हूँ ऊँ ऊँ ऊँ।"

'करीब ही खड़ा था मुंशी तुरंतलाल दास। वह राजाबहादुर का महामंत्री था। उसका बाप मुंशी कृष्णलाल दास राजाबहादुर के पिता गौरीदत्त सिंह का दीवान था। पुश्तैनी राज-भक्ति पक चुकी थी।

'दासजी ने राजाबहादुर के राजसी खयाल पर शान चढ़ाने की नीयत से कहा—"हुजूर, मुहलत तो कई बार यह ले चुके हैं..."

' "हूँ ऊँ ऊँ ऊँ"—राजाबहादुर ने पतली मूँछों पर बाएँ हाथ की दो उँगलियों से दुतरफा ताव देते हुए कहा। रायजी बेचारे उसी तरह हाथ जोड़े खड़े रहे। क्षण-भर बाद मालिक ने आँखें तिरछी करके दीवानजी को इशारा किया कि असामी को यहाँ से ले जाओ...

'बेटा, यह सामने से हटाने-भर का इशारा नहीं था। यह आज्ञा थी शत्रुमर्दन राय पर बर्बरता बरतने की!

'सदर दरबार की बाईं ओर वाला दरवाजा पार करके एक पुराना पक्का मकान था। तख्तों की बनी बड़ी-बड़ी संदूकें पहियों पर खड़ी रखी थीं बरामदों में। आँगन का चौक खाली था।

'शत्रुमर्दन राय को बीच आँगन में खड़ा कर दिया गया।

'लट्ठ लिए हुए चार सिपाही सामने मुस्तैद थे।

'बाँहों को माथे के ऊपर खड़ा करके एक सिपाही ने बाँध दिया। दो गज के फासले पर दो ईंटें डाल दी गईं। एक ईंट पर एक पैर, दूसरी पर दूसरा पैर। इस तरह रायजी खड़े किए गए। यमदूत-सी मूँछोंवाला एक अधेड़ भोजपुरिया जमादार कोड़ा लिए नजदीक आया। दूसरी ओर से एक और आदमी आया जिसके हाथ में मुँह-बंद हाँडी थी।

'जमादार का इशारा पाकर वह शत्रुमर्दन के बिलकुल करीब पहुँचा और हाँडी का मुँह खोलकर लाल चींटों का छत्ता निकाल लिया। छत्ते में डोरी लगी थी। उसने खाली हाँडी नीचे जमीन पर रख दी और बिलबिलाते लाल चींटोंवाला आम के अधसूखे पत्तों का वह घोंसला रायजी के माथे पर टिकाया; ऊपर डोरी पकड़े रहा...

'चींटे हजारों की तादाद में शत्रुमर्दन राय की देह पर फैल गए।

'माथा हिलाकर बेचारे ने बँधे हाथों को ऊपर-ऊपर झटकने की

कोशिश की कि पीठ पर कोड़े पड़े—सपाक्-सपाक्! चार बार!!

' "खबरदार!" जमादार गरज पड़ा, "अपनी खैर चाहते हो तो वैसे-के-वैसे खड़े रहो, वरना..."

'आँख, नाक, कान, मुँह, होंठ, गर्दन, कपार—और बाकी समूचे बदन से चिपक गए लाल चींटे? थोड़ी देर तक शत्रुमर्दन राय हाय-हाय होय-होय हुई-हुई करता रहा। एक साथ हजारों की संख्या में चलती-फिरती भूखी-प्यासी जहरीली सुइयों ने लाचार आदमी पर हमला कर दिया था।

'शत्रुमर्दन काफी देर तक छटपटाता रहा...

'वह असल राजपूत था बेटा, इतना कुछ गुजरा उस पर लेकिन 'माफी' की बात मुँह से नहीं निकली। बलिभद्दर भी उस वक्त वहीं अंदर महल में था। यही सोचकर तो वह दुष्ट उस वक्त वहाँ मौजूद था कि रायजी कहीं नाक रगड़ने लग जाएँ, माफी माँगने लगे तो कर्ज की कुल रक़म बलिभद्दर जमा कर देगा।

'लेकिन दुष्ट के मनसूबे पूरे नहीं हुए।

'शत्रुमर्दन राय अपना बदन लाल चींटों से बिंधवाता रहा। छटपटाता रहा और दाँतों-पर दाँत बैठाकर चुभन व जलन पचाता रहा। हिलता-डुलता रहा और कोड़े खाता रहा...

'आखिर वह बेहोश होकर गिर पड़ा।

'और जिस समय शत्रुमर्दन पर यह बर्बरता ढाई जा रही थी, ठीक उसी वक्त महलों में राधाकृष्ण की युगल-जोड़ी के सामने मीठी आवाजवाले एक पुराणपाठी महानुभाव राजमाता साहिबा को श्रीमद्भागवत की रास-पंचाध्यायी सुना रहे थे।

'इस घटना के चार-छः दिन बाद एक शाम को राउत अपने दो-तीन मित्रों से यह सब सुन रहे थे...तब से ज़मींदारों के प्रति मुझे घोर घृणा हो गई बेटा!'

जैकिसुन ने गहरी साँस ली।

उसकी मुखमुद्रा पर विषाद की गहरी छाया घिर आई थी। उसे

उन बुड्ढों का ख़याल आ गया जो मौक़ा-बेमौक़ा बीते युगों के गुण गाते रहते हैं। उसे पग्गड़धारी उन पंडितों की याद आ गई, ज़मींदारों की प्रशंसा करते-करते जिनकी जीभ चंदन-चोआ उगलने लगती है। उसका चेहरा कठोर हो आया।

बाबा बटेश्वरनाथ ने कहा :

'तेरा चेहरा क्यों उतर आया है बेटा? बौड़म कहीं का! क्या सोचता है कि वह जालिम ज़माना फिर वापस आ जायगा लौटकर? हः हः हः हः!!!

'नहीं रे, नहीं! तू जिस युग में पैदा हुआ है वह राजाओं-ज़मींदारों और सेठों-साहूकारों का युग नहीं, बल्कि तेरे-जैसे आम नौजवानों का ज़माना है...'

बाबा ने जैकिसुन की ठुड्डी में उँगली लगा दी और कहा :

'मैं बूढ़ा ज़रूर हो आया हूँ लेकिन बीते युगों की सड़ाँध का समर्थन किसी भी क़ीमत पर नहीं कर सकूँगा। भविष्य तेरे-जैसे तरुणों के हाथों में है। राजाबहादुर रमादत्तसिंह की मौजूदा औलाद आज क्या कूबत अपने अंदर रखती है, देख ही रहा है तू!

'आज के ये राजाबहादुर सार्वजनिक उपयोग की भूमि, पोखर, चरागाह, श्मशान वगैरह चोरों की तरह चुपके-चुपके बेच रहे हैं। इतना बड़ा अन्याय अब दुनिया यों ही बर्दाश्त कर लेगी बेटा! नहीं रे, हरगिज नहीं!'

जैकिसुन का दिमाग़ आश्वासन के ये बोल पाकर हलका हो उठा।

अब उसके तरुण होंठों पर गुलाबी मुस्कान खेल गई; आँखों के कोए चमकने लगे।

6

रात आधी बीत चुकी थी। प्रकृति बिलकुल नीरव और निःस्पंद लगती थी। पूर्णिमा की प्रौढ़ चाँदनी समग्र संसार को अपने स्नेहपाश में ले चुकी थी। चंद्रमंडल मध्य-आकाश के नील-सागर में दमक रहा था।

बाबा ने कहा :

'तुझे प्यास लगी होगी! और, ऊब तो नहीं उठा है तू?'

हाँ, जैकिसुन को प्यास ज़रूर लगी थी, मगर बाबा की बातों से ऊबा तो वह बिलकुल नहीं था।

बाबा उठा और दोने में पानी ले आया।

वह अनोखा लगा जैकिसुन को। पहले सोचा उसने कि बाबा को बार-बार जाकर दोने में पानी लाना पड़ेगा, लेकिन पीकर मालूम हुआ कि अब और पानी उसे नहीं चाहिए। स्वाद इस जल का बेशक कसैला था, परंतु बड़ी तृप्ति मिली थी पीकर।

तब तक बाबा बैठ चुका था।

कुछ देर वह चंद्रमंडल की तरफ देखता रहा, फिर जैकिसुन के प्रति मुखातिब होकर कहने लगा :

'एक-एक व्यक्ति अपने बारे में अंतहीन आख्यान-उपाख्यान सँजोए हुए है। एक-एक दिन की घटना अगर मैं तुझे ब्यौरेवार सुनाने लगूँ तो महीनों नहीं, वर्षों लग जाएँगे। उतना कौन सुनेगा और कौन सुनाएगा? किसी बीहड़ जंगल में अगर मैं होता और मनुष्यों के जीवन

की बातें बिलकुल न जानता होता तो फिर इस प्रकार का अवसर ही भला कैसे आता?

'राउत पचपन साल की आयु में ही चल बसे थे। तेरी परदादी पंद्रह वर्ष और ज़िन्दा रही। हर सोमवार को वह मेरी जड़ों में लोटा-भर पवित्र जल ढालती थी। यह नियम उसका कभी नहीं टूटा।

'हिज़री सन् 1280 में भारी अकाल पड़ा था। वैसा अकाल सैकड़ों वर्ष के अरसे में एक-आध बार ही पड़ता है बेटा!

'बात यों हुई कि पिछले कुछ-एक वर्षों से फसल मामूली आ रही थी। साल-भर का खेवा-खर्चा लोगों का अपना यों भी पूरा नहीं पड़ता था। उस बार की धान की मुख्य अगहनी फसल बिलकुल चौपट हो गई थी। चैत बीतते-बीतते बड़े-बड़े गृहस्थ तक जौ-चने की रोटियों पर उतर आए थे। चावल ही जिन इलाकों का खास भोजन हो, वहाँ जौ-चने का टिक्कड़ खुशी-खुशी तो कोई खाएगा नहीं। मरता क्या नहीं करता!

'मामूली हैसियत के किसान शकरकंद बनाम अल्हुआ की शरण ले चुके थे। खेत-मज़दूर और जन-बनिहार आम की सूखी गुठलियाँ चूर-चूरकर मडुआ का ज़रा-सा आटा उसमें मिलाकर टिक्कड़ बनाते और उसी से भूख की आँच को शांत करते।

'उस वर्ष रबी की फसल भी दगा दे गई थी। आम भी नहीं फले थे। बैशाख गया, जेठ गया और आषाढ़ भी बीता, लेकिन इंद्रदेव का दिल नहीं पसीजा—नहीं पसीजा! नहीं पसीजा!!

'मेरी छाया में बैठकर तेरी इस बस्ती रुपउली के ब्राह्मणों ने मिट्टी के ग्यारह लाख शिवलिंग बनाए और उनकी सामूहिक पूजा की उन्होंने; फिर भी मेघ की कृपा नहीं हुई—नहीं हुई! नहीं हुई!! नहीं हुई!!!

'ग्वालों, अहीरों और धानुकों ने यहीं चार दिनों तक भुइँयाँ महाराज का पूजन किया, दस भेड़ें बलि चढ़ाईं और दो जवान भाव खेलते-खेलते लहूलुहान होकर गिर पड़े थे; फिर भी राजा इंदर खुश नहीं हुआ—नहीं हुआ! नहीं हुआ!! नहीं हुआ!!!

'एक रात मर्द जब सो गए तो गाँव-भर की औरतें दस-पंद्रह गुटों में बँट गईं। तालाब से मेंढक पकड़ लाए गए, उन्हें ओखलियों में मूसलों से कुचला गया। गीतों में बादल को बुलाती रहीं वे, देर तक बुलाती रहीं; लेकिन मेघ नहीं आया—नहीं आया! नहीं आया!!

'पंडितों ने महीनों तक चंडी-पाठ किए, साधकों ने एक-एक मंत्र को लाखों जपा...सब व्यर्थ! वरुण को दया नहीं आई।'

जैकिसुन मानो साँस रोककर बाबा की बातें सुन रहा था। साँस को दिल की धड़कन के प्रति ईर्ष्या हो रही थी कि बातें उसी के पल्ले ज़्यादा पड़ रही हैं!

क्षण-भर चुप रहकर बाबा ने फिर आरंभ किया :

'तालाबों में पानी घटने लगा तो लोग मछलियों और कछुओं पर टूट पड़े। मछलियाँ भूनकर बिना नमक के ही उन्हें वे पेट के हवाले कर देते। जो गृहस्थ तालाबों के हक़दार थे, उनकी कड़ाई बढ़ी तो जनसाधारण चोरी-चोरी से मछलियाँ पकड़ने लगे।

'भूख की भट्ठी में सोचने और समझने की ताकत जल-भुनकर ख़ाक हो जाती है बबुआ! लोग पिछले वर्ष की पकी ईंटें उड़ा-उड़ाकर लाने लगे। मंदिर बनाने की नीयत से रामजी गुसाईं ने कई वर्ष तक रकम इकट्ठी की थी और दस-बारह महीने पहले ईंटों का भट्ठा लगवाया था। राजमाता ने मुफ्त की लकड़ी दिलवा दी थी तब भट्ठा पका था। अब की समय साल खराब देखकर गुसाईं ने मंदिर खड़ा करने का अपना विचार स्थगित कर रखा। पेट जलने लगा तो वही ईंटें उठा-उठाकर लोग लाने लगे। बताऊँ, क्या करते ये ईंटों का?'

जैकिसुन ने संकेत से हामी भरी। '80 सालवाले उस दुर्भिक्ष का जिक्र तो बूढ़ों के मुँह से उसने जब-तब सुना था लेकिन इस बारे में तफसील की कोई बात जैकिसुन को कहाँ मालूम थी।

वह बटेश्वरनाथ की ओर ग़ौर से देखता रहा। लंबी दाढ़ी की घनी छाँह में गौरैया का चूज़ा दिखाई नहीं पड़ता था। घुटनों तक पहुँचती धोती का मटमैलापन धवल चंद्रिका के आतंक से सहमा-सहमा-सा

लगता था। उँगलियों के नखों की सफेद गद्दियाँ उस उज्ज्वल प्रकाश में अच्छी तरह जगमगा रही थीं।

जैकिसुन ने परछाईं में बाबा के होंठ खुलते देखे तो मन को कानों में डाल दिया।

बाबा ने कहा :

'बताऊँ, क्या करते थे उन ईंटों का?

'एक ईंट का वज़न उन दिनों कम-से-कम तीन सेर होता था। जो ईंटें हलकी आँच में पकी होतीं, लोग उन्हें ही उठाते। घर में औरतें ईंट का चूरन बनातीं पहले, पीछे उस चूरन का महीन पिसान तैयार कर लेतीं। आम, जामुन, अमरूद, इमली वगैरह की पत्तियाँ उबालकर पीस ली जातीं। पाँच जने अगर खानेवाले हुआ करते तो ईंट का एक सेर पिसान दो सेर उबली पत्तियों में मिलाया जाता; कहीं यह पिसान पत्तियों में एक-चौथाई-भर डाला जाता। आम की गुठलियों का पिसान भी इसी तरह बरता जाता।

'घासों का कहीं पता नहीं था। दूबें बिलकुल सूख गई थीं। मामूली पौधों का भी यही हाल था।

'दूबों की जड़ें खुरपी से खोद लाते लोग, उबाल-उबालकर उन्हें चबा जाते।

'इन सबके बाद पेड़ों की छाल का नंबर आया।

'मैं काफी छतनार हो आया था। जवानी के दिन थे। कंधों पर मोटी-मोटी तीन शाखाएँ खड़ी थीं। डालों, डालियों और टहनियों की शुमार ही क्या! अब ठेठ दुपहरिया के वक्त भी मैं अपनी छाँह से दो-ढाई कट्ठा दायरा धरती का अनायास ही घेर लिया करता। धूप, वर्षा और ओस-पाला से बचने के लिए अब मनुष्य ही नहीं, दूसरे भी कई प्राणी मेरे नीचे आते। हर साल दो-चार बार पंचायत बैठने लगी। चरवाहों और चरवाहिनों के लिए तो मैं घर से भी ज़्यादा प्यारा अड्डा बन गया। आसपास खेतों में काम करनेवाले मज़दूर मेरी छाँह में आकर बैठते और मालिक-गृहस्थ के यहाँ से आया हुआ रूखा-सूखा कलेवा

पाते। ढाई पहर की चिलचिलाती धूप में हलों से खुलते ही बैल दौड़कर यहाँ आ जाते। भैंसें घंटों बैठकर यहाँ जुगाली करती रहतीं। कैसी भी जल्दी में क्यों न होते, बटोही बिना सुस्ताए यहाँ से आगे नहीं बढ़ते।

'राउत का स्वर्गवास हो चुका था। अब तेरा दादा मेरी देखभाल करता था। और, अब मैं नाबालिग थोड़े था कि किसी की निगरानी का मुहताज रहता? दरअसल मैं इस लायक हो चुका था कि बस्ती रुपउली के बाशिंदों की खोज-खबर रख सकूँ...

'अकाल की भीषण घटनाओं का मुझे अच्छी तरह पता था। आसपास के इलाकों में उपज का जैसा बुरा हाल था, वह क्या मुझसे छिपा था? भूखे चरवाहे मेरी डालों पर देर-देर तक आड़े-तिरछे खड़े रहते और कच्ची-दुद्धी फलियाँ चबाया करते। पीछे उन्होंने टूसों पर हाथ साफ करना शुरू किया। मेरे पत्तों में, छालों में, टूसों में, कच्ची फलियों में लासा की थोड़ी-बहुत मात्रा होती है। इस लासा के कारण बेचारों की जीभ और तालू अधिक देर तक चालू नहीं रह पाते थे; लिहाजा चरवाहों से मुझे जल्द ही छुटकारा मिल जाता था।

'लेकिन इन छुटकारों से मैं खुश थोड़े होता रहा? मुझे अपने पर खीझ उठती; बेहद परिताप होता! क्यों लासा दिया विधाता ने मेरे रगों-रेशों में? हाय, मैं भूखे पेटों की जलन जी-भर मिटा पाता! काश, कोई आकर मुझ पर तेल छिड़क जाता!

'मुसीबत में अगर किसी के काम न आया तो वह जीवन बेकार है बेटा! भूख ने लोगों की अँतड़ियों का रस सोख लिया और मैं बेहया हरा-भरा यह सब देखा करता! बेचैनियों का तूफान उठा करता मेरे अंदर; धरती पर काफी गुस्सा आता कि मेरी जड़ों को तो वह अब भी रस पहुँचाया करती है परंतु अकाल-ग्रस्त मानव-समाज की घोर उपेक्षा कर रही है....

'यह स्थिति मेरे लिए असह्य हो उठी आखिर!

'वह महारानी विक्टोरिया का ज़माना था। जिले का कलक्टर गोरा था, पुलिस-सुपरिंटेंडेंट गोरा था। सब-डिवीजनल अफसर गोरे थे।

अदालत का बड़ा हाकिम गोरा था। ऊपर बड़ा लाट और छोटा लाट सब गोरे साहब। सूबाई दफ्तर और हाईकोर्ट कलकत्ते में थे। इन देहातों में एक तरफ तो ज़मींदारों का दबदबा था, दूसरी तरफ कहीं-कहीं नील के कारखानेदार अंग्रेज़ जमे बैठे थे। बाज़ारों और शहरों में इधर तब तक मारवाड़ी बनिए नहीं आए थे; खरीद-फरोख्त और जमा-पूँजी का सारा कारोबार देसवाली सौदागरों के जिम्मे था—तेली, सूँडी, कलबार, अगरबाला, रौनियार, बरनवाल, हलवाई वगैरह थे। सूद पर कर्ज देने का व्यवसाय ज़मींदार और सुखी किसान भी करते थे। ब्राह्मण, राजपूत, भुंइहार आदि कुछ जातियों के जवानों को फौज में जगह मिलने लगी थी...

'कलकत्ता जाकर इन देहातों का एक-आध आदमी टिक जाता था तो उसे दरबानी या चपरासीगिरी मिलती थी। उस युग में अंग्रेज़ी पढ़ा-लिखा एक भी आदमी अपने गाँव में नहीं था। थाना-कचहरी के काम कैथी और फारसी लिपियों में चलते थे।

'अख़बार कलकत्ते से दो-चार निकलते थे सो भी मामूली किस्म के; अंग्रेज़ अधिकारियों, गोरे व्यापारियों, फौजी अफसरों और राजा-महाराजाओं की ख़बरें व सरकारी इश्तहारों से उनके पन्ने भरे रहते थे। देहाती जनता के दुख-दर्दों की आवाज़ नीचे-ही-नीचे घुटती रहती थी...आज तो तू उन दिनों की स्थिति के बारे में अटकल ही लगा सकता है बेटा! आजकल पटने से नौ दैनिक निकल रहे हैं। दूर-देहात में कहीं कुछ होता है तो उसकी खबर बिहार-भर में फैल जाती है। मान लिया सिर्फ खबरें छप जाने से कुछ नहीं होता। बातों से ही कलेजे की पीर नहीं मिटेगी किसी के, ठीक है। लेकिन, बाबू, सही घटनाओं को लाखों दिमागों के अंदर डाल देना कोई मामूली बात है रे?

'बस्ती-भर में तीन ही परिवार ऐसे थे जिन्हें एक जून अंत तक चावल नसीब होता रहा। एक था तर्क-पंचानन का परिवार। दूसरा परिवार था राजाबहादुर के पुरोहित का। तीसरा था एक राजपूत काश्तकार का घर। बाकी दस-एक घर ऐसे थे जिनमें सिर्फ बच्चों को

भात मिलता था, सो भी मचलने पर—सयाने जुन्हरी, मकई, अरहर और चनों पर निर्भर थे। महीने में एक-आध बार पतली खिचड़ी मिल जाती। बीस-पच्चीस परिवार ज़मीन बेच-बेचकर शकरकंद से पेट की आग बुझाते थे...मध्यवर्ग का यही सिलसिला था। जो बिचले तबके के भी निचले स्तर पर थे, उन्हें शकरकंद भी एक ही जून मिल पाती थी।

'तेरी दादी चतुर खेतिहर की बेटी थी। उपज का हाल खस्ता देखकर पूस में ही उसने अपनी दो भैंसें बेच डाली थीं। अब एक थी। जौ, मटर, मसूर, चने-जैसे अनाज काफी भर रखे थे। पाँच कट्ठा खेत में शकरकंद की बेलें फैला दीं। सो, पंद्रह मन अल्हुआ उपजा था। और यह सब तेरी दादी ने कातिक और फागुन के दरम्यान ही कर लिया था। माघ का महीना आया तो तीन कट्ठावाली दूसरी ज़मीन में भी वह अल्हुआ रोपवा चुकी थी। तेरा दादा सुधंग आदमी था। वह हँसता रहा अपनी घरवाली पर—"जैसी जिसकी खानदान, वैसे उसके लच्छन। मेरे बाप-दादे भोगिंदर थे और तेरे पुरखा दलिद्दर; सो, बिना अल्हुआ के भला रुपउली में जी लगेगा तेरा?"

'इस पर तेरी दादी निसाँस छोड़कर बोली थी—"देखते हो न? इस बार फागुन में ही कैसी मनहूसी छा गई है! रात को काला कौआ चीखता रहता है कर्र-कर्र। दिन के समय गीदड़ हुआँ-हुआँ करता है... अब की भारी अकाल पड़ेगा, देख लेना! घर में शकरकंद पड़ा रहेगा तो अकाल खेप ले जाएँगे किसी तरह..."

'और सचमुच, शकरकंद ने तेरे दादा और दादी की बड़ी मदद की थी अकाल के उन दिनों में। एक जून वे लोग शकरकंद उबाल-उबालकर खाते थे, दूसरे जून मकई की लप्सी या और कुछ।

'दूसरे के खेतों में मेहनत-मज़दूरी करके जीविका चलानेवालों का बुरा हाल था। जंगली साग-सब्जी, घास-जड़ और पेड़ों की पत्तियाँ नोंच-नोंचकर वे खा गए थे। अब छाल की बारी थी।

'एक रात तीन-चार जने बसूला लेकर आए और मेरे कंधों पर चढ़ गए। ऊपर की डालों पर छाल उतनी कड़ी नहीं थी, जड़ की ओर

के तवे की छाल भी अभी उतनी कड़ी नहीं हुई थी।

'रात को वे इसलिए आए थे कि कोई देख न ले। तेरा दादा मेरा काफ़ी ख़याल रखता था। एक पत्ता भी मेरा कोई तोड़ता तो उसकी आँखें लाल हो आतीं और गालियाँ बकने लगता। वह मुझे अपना बड़ा भाई समझता था। दो-चार दिनों के लिए कहीं बाहर जाता तो हाथ जोड़कर मेरी तरफ मुँह करके तब आगे बढ़ता।

'सो उस रात उन लोगों ने मेरी डालों पर से काफी छाल उधेड़ ली और घर ले गए। दर्द तो मुझे बेहद हुआ लेकिन खुशी भी कम नहीं हुई कि चलो मैं एक हद तक भुक्खड़ों के काम आया। अकाल के उन दिनों में धरती तो जल ही रही थी, लोगों का कलेजा तक सूखकर सोंठ बन गया था। वैसी स्थिति में अपनी छाल किसी के पेट की जलन मिटा सकी, आज तक इसका मुझे अभिमान है बेटा!

'अगली सुबह वही हुआ जो होना था।

'तेरा दादा मेरी उधड़ी डालें देखकर पागल हो गया। दिन-भर वह गालियाँ बकता रहा और रात को चारपाई डालकर यहीं लेट गया। तब से लगातार चार महीने तक वह यहीं सोया। बड़ी कड़ी निगरानी थी बेटा!

'इस तरह भला कब तक पेट चलता? खेत-मज़दूर आख़िर गाँव छोड़कर भागने लगे।

'दरभंगा से दलसिंगसराय सत्रह-अठारह कोस है। अंग्रेज़-बहादुर ने उतनी दूर रेल-लाइन बनवाई थी उन्हीं दिनों। हज़ारों आदमी काम पर लगाए गए थे। मज़दूरी के कई रेट थे : दो पैसे, एक आना और हद-से-हद दो आना...अपनी रुपउली के दो जने किसी तरह उसमें काम पा गए थे।

'पता है तुझे यह रेल-वेल सरकार ने किस नीयत से बिछाई थी?'

जैकिसुन बाबा की ओर देखने लगा। अंग्रेज़ों ने इस इलाके में किस नीयत से रेल चलाई थी, सो बेचारा जैकिसुन क्या जाने! उसकी आँखों में प्रश्न और कौतूहल के भाव जगमगा रहे थे। उसकी जिज्ञासा तीव्र हो उठी और चेहरा गंभीर बन गया।

बाबा ने दाढ़ी पर हाथ फेरा और कहना शुरू किया :

'अकाल के उन सत्यानाशी दिनों में सरकार की ओर से प्रचार यह किया गया कि रिलीफ़ के तौर पर अधिकारियों को कुछ-न-कुछ करना तो था ही, इसी से पहले उस अंचल में रेल-पथ-निर्माण ही आरंभ हुआ। राजराजेश्वरी महारानी विक्टोरिया अपनी प्रजा की इस दुर्दशा से इतनी द्रवित हुईं कि....'

बाबा को हँसी आ गई। जैकिसुन की समझ में नहीं आया कि क्यों हँस रहे हैं बरगद बाबा।

कुछ क्षण बाद बाबा बोलने लगे :

'बनियों की रानी द्रवित हुई तो क्या हुआ?

'हुआ यही कि डांडीमारों ने बटखरे का वजन अपने हक़ में बढ़ा लिया। यानी, हमारे इलाकों में सरकार ने रेल चलाई तो उसके अंदर जनता के हित की कोई भावना नहीं थी। भावना थी एकमात्र यह कि उसके अपने लाड़ले सौदागर कच्चा माल आसानी से ढो ले जा सकें और 'लाभ-शुभ' की अपनी सड़कों को चौगुना लंबा-चौड़ा कर लें।

'चावल-धान, अरहर-खेसारी, उड़द-मूँग, चना-मसूर, लाल मिर्च और तम्बाकू, लड़ाई छिड़ने पर बकरों की तरह कटने के लिए फौजी जवान, कारखानों-फैक्टरियों में खटने के लिए मज़दूर, कलकत्ते के ऑफिसों के लिए चपरासी और दरबान तथा बाबू लोग...इन चीज़ों की ढुलाई की खातिर रेलगाड़ियों से ज्यादा सुविधाजनक भला और क्या हो सकती थी? दूसरे-दूसरे इलाकों में भी रेल-लाइनें बिछाई जा रही थीं।

'पहले तो आम लोगों की समझ में नहीं आया कि यह हो क्या रहा है।... कोट-बूट है और टोपधारी फिरंगी साहब देसी बाबुओं और मज़दूरों के साथ रेलवे-लाइन के लिए जगह नापते फिरे; पीछे दोनों ओर से मिट्टी काटकर बाँध खड़ी की जाने लगी। बाँध तैयार हुई तो उस पर ईंट की रोड़ियाँ डाली गईं, फिर साखू की सिल्लियाँ बिछीं, तब कहीं आकर रेल के पत्तर बिछे। इसके बाद हड़हड़ाता हुआ और खड़े बम्बे से काला धुआँ निकालता हुआ एक मामूली इंजन आया जिस पर दो

जने सवार थे। तमाशा देखने के लिए लाइन के किनारे-किनारे जगह-जगह भीड़ इकट्ठी थी। तेरा दादा भी दरभंगा जाकर पहला इंजन देख आया था।

'लेकिन वह अकाल थोड़ी दूर में सीमित नहीं था। अपने इस देश का समूचा पूर्वी हिस्सा भुखमरी के चपेट में आ गया था। हजारों परिवार बरबाद हो गए और लाखों की जान चली गई।

'रेल-कम्पनी के लिए यह सुनहला मौका था। कम-से-कम मज़दूरी पर ज्यादा-से-ज्यादा काम करने की वह अनोखी आपाधापी थी बेटा! दिन-भर की कड़ी मेहनत के बाद एक दुअन्नी हाथ आती थी। चावल तो मिलते नहीं थे, जुन्हरी और मडुआ-जैसा मोटा अनाज मिलता था।

'बूढ़े, बच्चे और ढोर-डंगर....भुखमरी के सबसे बड़े शिकार यही थे। कई-कई दिनों का फाका, बीच में कुछ मिला तो खा लिया। फिर फाका, फिर कुछ मिला तो अंदर डाल लिया...जो ज़िंदा थे, उनको इस क्रम ने काफी कमज़ोर बना डाला था। प्रिय-से-प्रिय व्यक्ति दम तोड़ देता तो लोग रोते नहीं थे। भूख की जलन में आत्मा झंवा गई थी और आँसू ग़ायब हो चुके थे।

'लाशों का बुरा हाल था। जब तक लोगों में ताकत थी और काठ जब तक सुलभ थे तब तक मुर्दे जलाए जाते रहे। बाद में नन्हें बच्चों की लाशों की तरह सयानों की भी लाशें मैदानों में गाड़ दी जाती थीं। आगे चलकर यह भी असंभव हो गया तो मुर्दों को यों ही मैदान के हवाले करने लगे। हवा में उन दिनों एक अजीब दुर्गन्ध भर उठी थी। भूख से तड़पकर दम तोड़नेवालों में छोटी जातिवालों की ही तादाद अधिक हुआ करती। शाम होते ही डर के मारे लोग घरों में बंद हो जाते। देर तक लाशें अंदर ही पड़ी रहतीं, उन्हें कोई उठानेवाला न होता। रात के वक्त गीदड़ और भेड़िये गाँव की गलियों और आँगनों का फेरा लगाया करते; मृतक की महक पाकर किवाड़ों की फाँक में अपनी थूथन अंदर घुसाने की कोशिश से वे दुतकारे जाने पर भी बाज़ नहीं आते। गीधों, कौओं और कुत्तों का आपसी बैर-भाव इसलिए खतम हो गया था कि लाशों की कमी नहीं थी। मनुष्यों और पशुओं

के कंकाल गाँव के बाहर इधर-उधर फैले दिखाई देने लगे....

'चिंता और शोक के मारे मैं सूखने लगा। टूसे निकलते ज़रूर मगर अगले ही दिन जली हुई मूँगफली की शकल के हो जाते। नए पत्तों की लाली जाने कौन पी गया! बाकी पत्ते हरियाली के लिए तरसा करते, अकाल की कृपा से भूरा-पीला और चितकबरा बदरंग उनके रेशों पर हावी हो आया। छालें सिकुड़ गईं; तने अकड़ गए। डालों को सूखा सताने लगा, टहनियाँ ठिठक गईं। जड़ के सिरे और सोर लाख कोशिश करके भी धरती माता से कुछ अधिक रस नहीं पा रहे थे।

'उसी अकाल में मेरा पड़ोसी मर गया—अरे, वही बौना और कुबड़ा गूलर था न? सूख गया बेचारा! यों, उसकी आयु कम नहीं थी। लेकिन अकाल की आग उस बार उतनी न बरसी होती तो अभी कुछ वर्ष वह और जिंदा रहता रे! वह सूख गया तो कई दिनों तक मैं रोता रहा...मैं उसे ताऊ की तरह मानता था... तेरे तो ताऊ-वाऊ है नहीं, तू क्या समझेगा कि भतीजे के लिए ताऊ का स्नेह भला क्या अहमियत रखता है! है पता?'

जैकिसुन ने निषेध मुद्रा में माथा हिलाया। बेचारे को याद आया अपना बचपन जब ताऊ-ताई के लिए दिल तरसता रहता था।

बाबा ने कहा :

'मुझे अब तक वह बुजुर्ग गूलर अच्छी तरह याद है।

'वह अकाल डेढ़ वर्ष तक जीवों और जन्तुओं की बलि लेकर आखिर रवाना हुआ—अपने पीछे रबी की फसलों का अंबार छोड़ता गया, जो बच रहे उनके चुचके चेहरों पर हलकी खुशी की गुलाबी रोली छिड़कता गया।

'लोग अब तक उस अकाल की चर्चा करते हैं। अस्सी वर्ष से पहले की घटना है यह। उसके बाद एक बार और वैसा ही प्रलयंकर अकाल पड़ा था, अब से पैंतालीस-पचास साल पहले...'

जैकिसुन समझ गया कि बाबा सन् सोलह के अकाल की बात कर रहे हैं अब। सन् तेरह सौ सोलह साल फसली, यानी 1906 ई.।

7

इस बीच जैकिसुन को एक आदमी इधर आता दिखाई दिया। बाबा तो खैर किसी दूसरे को नज़र आएगा नहीं। हाँ, बटोही को यह ज़रूर जिज्ञासा होगी कि इतनी रात गए बरगद के तले कोई क्यों बैठा है।

बाबा ने बातें बंद रखीं।

राहगीर नज़दीक आया।

मटमैली धोती, गोल-कट हॉफ अंगा। पैरों में देहाती पनही। खुला माथा। हाथ में लाठी।

पेड़ के पास आकर वह ठमक गया तो जैकिसुन ने पूछ लिया—"कहाँ जाओगे?"

"पंडौल"—जवाब मिला।

"आए हो कहाँ से?"

"शिवराम से। माचिस है?"

"ज़रूर है..."

जैकिसुन उठा। सोते हुए जीवनाथ की अंटी टटोलकर दियासलाई निकाल लाया।

आगंतुक ने पाकिट से दो बीड़ियाँ निकालीं तो जैकिसुन ने कहा—"नहीं भाई, मैं नहीं पीता हूँ बीड़ी-सिगरेट।"

फिर उसने कसैली का टुकड़ा निकालकर कहा—"यह तो खाओगे?"

जैकिसुन ने हाथ बढ़ाकर सुपारी ले ली और पूछा—"कौन आसरम

हैं भाई साहब आप? बैठिए, ज़रा सुस्ता लीजिए।"

राहगीर ने बतलाया, वह केवट है। उसके चाचा ने कसाई के हाथ अपना बूढ़ा बैल बेच डाला है। गाँव के लोगों को मालूम हुआ तो खुसुर-फुसुर होने लगी। पंचों ने कहा, परास्चित लगेगा अगर बैल नहीं लौटा तो...वह जा रहा है बैल वापस लाने। दिन बड़ा तपता है आजकल, रात के वक्त चला है और सुबह ठंडे-ठंडे में लौट आएगा। बैठेगा तो अलसा जाएगा...

अंत में उसने जैकिसुन से पूछ लिया–"आप कौन बिरादरी हैं?"

"यादव हूँ और वह भुँइहार हैं...।" सोनेवालों की तरफ इशारा करके जैकिसुन बोला।

बीड़ी का धुआँ अंदर घोंटकर आगंतुक ने कहा–"हवा बंद है, आपकी भी नींद इसी से उचट गई है न?"

"हुँ"–जैकिसुन नाक के सहारे बोला और हाथों में दियासलाई की डिबिया को लोकने लगा। बटोही ने अपने पैर आगे बढ़ा दिए।

अब आकर वह बाबा के करीब इत्मीनान से बैठा तो बटेश्वरनाथ ने मुस्कुराकर कहा :

'रंग-ढंग से मालूम होता था कि यह जवान गाँव से बाहर कहीं नौकरी करता है...देखा नहीं, बातों के लहजे से शहरी नफासत टपकती थी?

'शहर की बू-बास बोलचाल से कहीं परगट हो, वहाँ देहातियों को नाक-भौंह नहीं सिकोड़नी चाहिए बाबू! शहर आसमान में नहीं हुआ करते। गाँव की तरह शहर भी इसी भूमि पर आबाद हैं। पढ़े-लिखे काफी ऐसे लोग हैं जो नासमझी के कारण गाँवों और शहरों को परस्पर प्रतिकूल बतलाते हैं। खाना और कपड़ों की तंगी न रहे, सभी लिख-पढ़ जायँ, बाहर जाने-आने की सुविधा मिले, काम और आराम का बदस्तूर सिलसिला हो, मनोरंजन के साधन सुलभ रहें, तो फिर इन देहातों का ढाँचा ही बदल जाएगा। आलस, पिछड़ापन, अभाव, अशिक्षा, अस्वास्थ्य, गंदगी आदि दुर्गुण हमेशा नहीं रहेंगे। अभी तो शहरों में भी नरक है

और गाँवों में भी। मुट्ठी-भर लोग होंगे जिनके लिए देहातों में भी स्वर्ग-सुख सुलभ है और नगरों में भी।'

जैकिसुन हथेली पर उँगली गोद-गोदकर कुछ लिखने लगा तो बाबा ने ताड़ लिया। वह बोला :

'गाँव और शहर की बातें अभी छोड़ता हूँ; अपने बारे में सुनाऊँ अभी। है न?'

जैकिसुन ने स्वीकार की मुद्रा में माथा हिलाया।

बटेश्वरनाथ ने कहना आरंभ किया :

'टुनाइ पाठक का दादा था जद्‌दू पाठक। दादा का सगा। वह काफी बुड्‌ढा होकर मरा। मरते वक्त वह तेरे दादा से कहता गया कि ध्वजा खड़ा करके बरगद की वेदी पर ब्रह्म बाबा की स्थापना करो। तेरे दादा का नाम था अधिकलाल राउत। अधिकलाल भाई ने मेरी जड़ों के चारों तरफ गोल चबूतरा बाँधा और एक दिन धूमधाम से ध्वजा गाड़कर ब्रह्म की स्थापना कर दी।

'पाठक के घराने में तीन सौ वर्ष पहले एक अकबाली पुरुष हुए थे। नाम था चक्रपाणि पाठक। अपनी सूझ-बूझ और बहादुरी से उन्होंने नेपाल के राजा को रिझा लिया तो उसने उन्हें अपना सेनापति मुकर्रर किया। पाँच वर्ष भी नहीं बीतने पाए थे कि किसी राजपूत सरदार ने अपनी फौज लेकर इधर से अचानक हमला बोल दिया। राजा चीन की ओर भाग गया, सेनापति आखिर तक जूझा और वीरगति प्राप्त की; रानी हमलावर की शरण में चली आई...चक्रपाणि पाठक मरकर ब्रह्म हुए। दो सौ साल तक वह एक पीपल पर रहे, पच्चीस वर्ष आँवले के पेड़ पर और पचहत्तर वर्ष एक पाकड़ पर। कुछ वर्षों से यह ब्रह्मबाबा बे-घर थे क्योंकि जीबछ और कमला में एक बार जोरों की बाढ़ आई और बाढ़ हटी तो इलाके के बहुत सारे दरख्त सूख गए। तभी से पाठक बाबा आश्रयहीन हो गए थे।

'जद्‌दू पाठक की नज़र मुझ पर बहुत दिनों से थी। वह जिस वर्ष मरा, महीने में दो बार गाँव में आग लगी थी। बुड्‌ढे को ब्रह्म ने सपना

दिया..."तीसरी बार जो आग उठेगी वह तेरे ही घर से उठेगी और समूची बस्ती को खाक कर डालेगी; अग्निकांड के बाद महामारी को बुलाऊँगा मैं। समझ क्या रखा है तूने?"

'इस स्वप्न से वह बेहद डर गया और अधिकलाल भाई को बुलाकर समझाया-बुझाया; वह राजी हो गए। तब से लेकर पाँच वर्ष तक मैं बरहम बाबा का अड्डा बना रहा।

'भक्ति-भाव, पूजा-पाठ और धम-चौकड़ी के वे दिन भी क्या भूलने लायक हैं बबुआ? नहीं, बिलकुल नहीं!

'अब लोग मुझे स्नेह और प्यार की निगाहों से नहीं, आदर और श्रद्धा की निगाहों से देखने लगे। मेरे प्रति जन-साधारण के अंदर अब तक जो भावना चली आई थी, वह मानो एक ही दिन में बदल गई।

'पहले लड़के घंटों मेरी डालियों पर उछल-कूद मचाते रहते। चाकू की नोंक से बिना किसी झिझक के निशान बनाया करते...किस्म-किस्म के निशान : मुरली बजाता हुआ मुकुटधारी कृष्ण, खिलता हुआ कमल; एक-दूसरे का हाथ पकड़े विह्वल स्त्री-पुरुष; बछड़े को दूध पिलाती हुई गाय, बाँसों की झुरमुट में कोंपलों की बहार, कंधे पर बहँगी और उसके दोनों ओर छिंक्कों पर सौगात का चंगेरा ढोता हुआ भरिया...बकरी की सूखी मींगणियों से गोटियों का काम लेते हुए चरवाहे मेरी छाँह में 'सतघरा' खेलते। हँसली की शक्ल में आधा-गोल बाँधकर सुननेवाले बैठते और सामने बैठकर सुनानेवाला पहरों कहानियाँ कहा करता या गानेवाला गीत अलापता रहता। गाय-बैल-बकरी चरानेवाली लड़कियाँ एक की पीठ पीछे दूसरी और दूसरी की पीठ पीछे तीसरी बाकायदा बैठतीं, बाल फैलाकर बड़ी मुस्तैदी से जूँ निकाला करतीं। बातों या गीतों का क्रम तो खैर चलता ही रहता। जिसकी घरवाली रूठकर मायके चली गई होती, वह यहाँ बैठकर देर तक मन-ही-मन अपनी आलोचना किया करता। सयाने, अधेड़ और बूढ़े आते, बाँह का तकिया बनाकर लेट जाते और ढेरों बातें करते-करते नाक बजाने लगते।

'बड़ी उम्रवालों का मैं बेटा था, जवानों-अधेड़ों का भाई और छोटों

का चाचा। सारी बस्ती के लोग मुझे प्यार करते थे। भाभियाँ और बहनें मेरे बदन पर घड़ी-घड़ी-भर हाथ फेरा करतीं, बहुएँ और बेटियाँ झुकी डालों में लटककर अँगड़ाइयाँ लेतीं, हौले-हौले टहनियाँ सहलातीं, टूसें सूँघती और हरे-ताजे पत्ते गालों से छुआतीं। बूढ़ी कोई इधर से गुज़रती तो शायद ही कभी रुकती। हाँ, गरमी के दिन होते और दुपहर का समय होता तो रुक भी जाती।

'लेकिन पाठक बाबा की ध्वजा जब से यहाँ खड़ी हुई तब से मेरे प्रति सभी की भावना बदल गई। श्रद्धा, भक्ति, भय और आतंक...अब मैं प्रिय नहीं था, पूजनीय था—बंदनीय और माननीय था। सोमवार और बुधवार के प्रातःकाल स्त्रियाँ आकर मेरी वेदी पर चावल की पीठी के घोड़े खड़े करतीं और पिंडियों पर दूध ढालतीं, अच्छत और फूल चढ़ातीं, परिवार की भलाई के लिए मिन्नतें मानतीं।

'किसी के घर कोई शुभ कार्य होता तो यहाँ आकर पाठक बाबा का पूजन अवश्य कर लेता। मनोरथ पूरा होने पर लोग आकर धूमधाम से मनौतियाँ चढ़ाते। रेशम की झूलें, कोढ़िला के बने सिरमौर और मंडप, जरी-गोटे की मालाएँ, पीतल-काँसे की घंटियाँ, लाल-इकरंगे का टुकड़ा...धूप-दीप, फूल-फल, अच्छत-दूब, दूध और गंगाजल, बेल और तुलसी के पत्ते...फर-फरहरी, मिठाइयाँ, पकवान, पान-मखान... ढोल-ढाक-पिपही! बारह महीनों में बीस-पच्चीस बकरे भी बलि चढ़ते थे—मचलते मुंडों और तड़पते धड़ों की खूनी पिचकारियों से मेरा सीना सुर्ख हो उठता था, रगों में बिजली दौड़ जाती थी; क्षण-भर के लिए पत्तों का हिलना रुक जाता था। मनौतियाँ चढ़ानेवाले श्रद्धालु लोग घड़ी-दो घड़ी की पूजा-प्रार्थना के बाद घर जाते तो मौक़ा पाकर दिन के समय कुत्ते और रात के वक्त गीदड़ मेरे बदन पर जमी बलिदानी लहू की मलाई चाटा करते। चींटियों और झींगुरों का भी इसमें साझा हुआ करता। छितरे-छितराए अच्छत गौरैयों की किस्मत में; पकवानों और मिठाइयों की झरी-झूरी कौओं के भाग में। बकरे का धड़ मनौतीवाला टाँग ले जाता और मूँड़ा ले जाता वह आदमी जो कि बलि के पशुओं

का गला काटा करता। यह काम उन दिनों जैनरायन का ताऊ किया करता था और अब भानजा करता है। मेरे सामने ब्रह्मबाबा के निमित्त बलि होनेवाले ये वही बकरे होते थे, जिन्हें मैं भली-भाँति पहचानता था और इसी से उनकी हत्या के समय मेरी तकलीफ और बढ़ जाती थी। पैदा होने के दस रोज़ बाद ही से वे मेरी गोद में खेले होते थे; शोखियों से भरी उनकी उछल-कूद, उनके मुलायम खुरों की खुशगवार धमक, छोटे-छोटे नथनों की उनकी हलकी फुरफुराहट मेरे दिल की धड़कनों का हिस्सा बन चुकी होती थी...और साल-दो साल बाद वही बकरे जब नहलाकर मेरे सामने खड़े कर दिए जाते तो उनका आतंकित चेहरा देखकर मेरा कलेजा सूख जाता भाई! पंडित यजमान से पहले तो बकरे की पूजा करवाता, फिर हथियार की। पीछे पंडित के अनुसार यजमान दोनों हाथ जोड़कर बकरे से कहता—

"यज्ञ के निमित्त पशुओं की सृष्टि की विधाता ने
यज्ञ के निमित्त ही उन्हें मार गिराया जाता है
इसी कारण मैं तुम्हें मरवाऊँगा
यज्ञ की हिंसा हिंसा नहीं हुआ करती..."

'और, मखौल तो देख, इस बलि के लिए घेर-घारकर बकरे से उसकी खुद की भी मंजूरी ले ली जाती। यानी, जब तक उसके मुँह से 'में में' की आवाज़ नहीं निकलवा लेते तब तक बकरे की गर्दन पर हथियार नहीं पड़ता।

'ब्रह्मबाबा यह बलि जो लेते थे, सो मुझे कभी नहीं अच्छा लगा बेटा, सच कहता हूँ। यों तो पाठकजी महाराज ने मेरी सारी रौनक छीन ली थी पाँच वर्षों तक, लेकिन समय-समय पर बकरे जो कटते थे वह कोई मामूली साँसत नहीं थी अपने लिए। भारी साँसत थी बबुआ! तूने देखे हैं न बकरे कटते हुए?'

जैकिसुन ने 'हाँ' की मुद्रा में सिर हिलाया।

जैकिसुन वैष्णव नहीं था। वह मछली, मांस, केकड़ा, धान के खेतों का चूहा, खरगोश, कछुआ और डोका—सब कुछ खाता था, जो

कि उसके इलाकों में दूसरे लोग खाया करते थे। मगर बकरों की बलि का बर्बर नज़ारा उसकी बरदाश्त के बाहर की बात थी। फूहड़ लुहार की बनाई हुई अनगढ़ हँसिया लेकर लोग मिनटों तक एक-एक बकरे की गर्दन रेतते रहते हैं; उसकी आँखें पथरा जाती हैं और जीभ बाहर निकल आती है!

बलि का दृश्य जैकिसुन के लिए सदा ही असह्य रहा। उसने बाबा की वेदना का अन्दाज़ अच्छी तरह पा लिया था। अब वह तनकर बैठ गया और आगे की बातें सुनने की प्रतीक्षा में वृद्ध की ओर गौर से देखने लगा।

बाबा ने साँस को स्वाभाविक गति पर लाकर जैकिसुन की तरफ देखा और आहिस्ते से कहा :

'हमारी बिरादरी के वनस्पतियों पर भूतों, पिशाचों, यज्ञों, देवों तथा ब्रह्मों की यह 'दया-दृष्टि' कोई नई बात नहीं है बेटा! इनका और हमारा सदैव संपर्क रहा है। एक वह भी युग था जब कि हमारे पूर्वज मनुष्य की ताज़ा अँतड़ियों की माला पहना करते थे; एक वह भी युग था कि हमारी वेदियों पर कैदी राजाओं की आँखें निकालकर चढ़ा दी जाती थीं; एक वह भी युग था कि ताज़ा कटी उँगलियों का हार पहनाकर वटवृक्ष का शृंगार किया जाता था; नरमुंड और आदमी का लहू यक्षों, देवों और ब्रह्मों के दबाव में आकर जाने कितनी बार हमारे पुरखों को स्वीकार करना पड़ा है! मुझे तो खैर, बकरों की बलि से छुटकारा मिल जाता था। हाय! हाय! हमारे पूर्वजों को जाने कैसी-कैसी बीभत्स और रोमांचकारी परिस्थितियों से गुज़रना पड़ा था!'

जैकिसुन की धड़कन काफी बढ़ आई थी। ऐसा लगता था कि वह कोई खौफनाक सपना देखकर अभी-अभी जग पड़ा है। चेहरा बेहद गंभीर हो गया था, आँखों का तेज डूब-सा रहा था और अमल-धवल यौवनवाली जेठ की पूर्णिमा इस वक्त जैकिसुन के लिए सिवाय एक विराट् शून्य के और कुछ नहीं थी।

बरगद बाबा को महसूस हुआ कि नाहक उन्होंने नर-बलि वाली

ये बातें जैकिसुन से कहीं। खैर, जो हुआ सो हुआ!

अब जैकिसुन की पीठ पर अपनी बड़ी हथेली रख दी तो उसका अनमनापन टूटा। मन अपने काबू में आ गया तो चेहरे पर रौनक आ गई।

जैकिसुन ने बाबा की तरफ देखा तो उन बड़ी-बड़ी आँखों में अभयदान की भावना छलक रही थी।

उसकी पीठ पर से अपनी हथेली वापस लेकर बाबा ने स्नेही स्वरों में कहा :

'यह तुझे मैंने हजारों वर्ष पुरानी बातें बतलाई हैं। मनुष्यों की बलि चाहनेवाले यक्ष-गंधर्व, देव-देवियाँ और ब्रह्म अब बाहर नहीं रह गए—मोटी ज़िल्दोंवाले पुराने पोथों की बारीक पंक्तियों के अंदर आज वे नज़रबंद हैं। राजाओं, पुरोहितों, सामंतों, सेठों और तीर्थंकरों की बातों का बढ़ा-चढ़ाकर बखान करनेवाले बहुत सारे विद्वान् सुदूर अतीत की उन क्रूर घटनाओं पर अब भी पर्दा डाले हुए हैं; वह उन लोगों के लिए सत्ययुग है, स्वर्णयुग है! साधारण जनता का स्वर्णयुग तो अभी आगे आनेवाला है बेटा!

'तो, खूब पूजा होने लगी मेरी उन दिनों।

'लेकिन, मैं बेहद तकलीफ में पड़ गया। कोई खुले दिल से मेरे नज़दीक नहीं आता था। कोई मुझे छूता नहीं था। रात के वक्त दस-बीस पंछी ज़रूर आ जाते थे, दिन-दुपहरिया में एक-आध गाय या भैंस आकर ज़रूर खड़ी हो लेती थी मगर आदमी मुझसे दूर-दूर रहता था। कड़ी धूप से बचने के लिए राहगीर अब भी मेरी छाँह में आ बैठते, परंतु ध्वजा, वेदी, लिभड़ा हुआ सिंदूर, खून के निशान वगैरह की ओर घूर-घूरकर देखा करते। बातचीत में तक़ल्लुफ। हँसी और मुस्कान में तक़ल्लुफ। छींकने-खाँसने में तक़ल्लुफ। डर के मारे कोई थूकता नहीं था यहाँ। नेह-छोह की बातों पर वैसी अजीब पाबंदी अपने-आप जाने कैसे हावी हो आई थी! जोरों के ठहाके, मीठी-महीन खिलखिलाहट, प्यार और भलाई में पगी कानाफूसी, जोश-भरी ललकार,...इनके लिए

मैं उन पाँच वर्षों में किस हद तक तरसता रहा, बताना मुश्किल है बेटा!

'जेठ महीने की अमावस को हर साल सुहागिन औरतें बरगद के तने में हाथ-कते धागों के फेरे डालती हैं। जब से 'बरहम महाराज' की कृपा हुई मुझ पर, तब से उन्होंने भी मुझसे नाता तोड़ लिया। इससे तो मेरा कलेजा ही टूक-टूक हो गया बेटा! पाठकों के इस खानदानी ब्रह्म पर मैं अंदर-ही-अंदर सुलग उठा...पहले कैसी मस्ती कटती थी! कितनी चहल-पहल, कितना शोर-गुल रहता था यहाँ! सधवाएँ सुहाग के लिए उस रोज़ फेरे डालती थीं मेरे चारों ओर—पायलों की महीन और कड़ों की मोटी झंकार मेरी रग-रग में सिहरन भरती रहती थी। उन सुहागिनों की मिठास-भरी बातें पत्ते झुक-झुककर सुना करते। अपने नटखट बच्चों को कड़ी भौंहों के इशारों से उनका वह डाँटना टूसों को संजीदा रखने के लिए काफी हुआ करता। किसी कमसिन बहू के भोलेपन पर उनकी जब्त मुस्कान इन ढीठ टहनियों के लिए सालाना सीख थी। हाय, उस ब्रह्मराक्षस ने मुझे कितने बड़े सौभाग्य से वंचित कर दिया था! एक नहीं, दो नहीं, तीन नहीं, पूरे पाँच वर्षों तक मेरे सीने पर वह पिशाच सवार रहा और जेठ की पाँच अमावसें मैंने रो-रोकर काटीं रे बबुअन!

'फिर, उस कम्बख्त से मेरा पिंड कैसे छूटा?'

'बतलाओ न!'—जैकिसुन मन-ही-मन बोला।

'बतलाता हूँ...'

कुछ देर रुककर बाबा ने कहा :

'जद्दू के लड़के की शादी पचपन वर्ष की आयु तक नहीं हुई। वह अपने बरहम बाबा को पाँच बार बकरे की बलि दे चुका तब भी कोई लड़कीवाला उसे पूछने नहीं आया। अब अपने खानदानी ब्रह्म के बारे में मद्धू की श्रद्धा डिगने लगी। ज्योतिषी, साधु-संत, ओझा-गुनी, औघड़-औलिया—जो भी मिलता उससे मद्धू अपनी शादी की बाबत पूछा करता।

'फुलपरास-बाज़ार के करीब एक गाँव में एक औघड़ था। साठ-पैंसठ

साल की उम्र रही होगी, लेकिन देखने में चालीसा पट्ठा लगता था। जात का डोम होने पर भी शकल-सूरत में बाबू-बबुआन की नाक काटता था। मूँछ-दाढ़ी बड़ी-बड़ी लेकिन घनी नहीं। माथे पर मामूली जटाएँ। बदन का रंग गेहुँआ। आँखें बड़ी-बड़ी, पुतलियाँ भूरी। कपार चौड़ा और नाक नोकदार व खड़ी...मालूम न हो तो कौन भला डोम बतलाता? वह छोटी आयु में घर से निकल गया था। माँ-बाप नील के किसी गोरे कारखानेदार की छत्रछाया में कुछ समय रहे थे। तीस साल बाद जब वह अपनी जन्मभूमि को लौटा तो साथ एक नेपाली सुंदरी थी। परिवार से अलग, गाँव से दूर झोंपड़ा बनाकर दोनों रहने लगे। एक लड़का हुआ और बस! यह औघड़ बाबा आसपास के इलाकों में जल्द ही मशहूर हो गया। जहाँ कहीं भूत-प्रेत का उपद्रव उठ खड़ा होता, जहाँ कहीं देव-देवी उत्पात मचाते, जहाँ कहीं ब्रह्म-कर्णपिशाची-चुड़ैल आदि की खुराफ़ातें उभरतीं, वहाँ औघड़ बाबा की गुहार होती। उस सिद्ध डोम के पहुँचते ही आधी गड़बड़ी दुरुस्त हो जाती; जटाधारी औघड़ ज़ोरों से चिमटा पकड़कर जब "ओ ऽ ऽ ऽ ङ् अलऽख निरंजन भग् सा ऽ ऽ ऽ ऽ ले ऽ ऽ ऽ ऽ!" की ऊँची आवाज़ मारता तो बाकी खुराफ़ातें भी खतम हो जातीं। काफी दान-दक्षिणा और भेंट-सौगात देकर लोग उसे विदा करते। अपनी इष्टदेवता 'कंकाली माई' के लिए वह एक बकरा और पाँच बोतल दारू तो पहले ही तलब कर लेता था। ऊँची जातिवाले डाह के मारे उसे डोमड़ा कहा करते थे।

'मद्धू डोमड़ा का गुण-गौरव पहले ही सुन चुका था। अब अपने ब्रह्म से उदास होकर वह उसके पास पहुँचा। सारी बातें ध्यान से सुनकर औघड़ बोला—"तुम्हारा बरहम भारी पाजी है। बरगद का सहारा उसे जब तक रहेगा तब तक तुम्हारी शादी नहीं होगी। कहो, तो चलकर मैं उसे कैद कर लाऊँ।"

'मद्धू राजी हो गया।

'कुछ दिन बाद डोमड़ा रुपउली आया।

'अधिकलाल भी ब्रह्म की ओर से उदास थे। छोटी जातिवालों की

पाठकों के उस खानदानी 'बरहम' में उतनी दिलचस्पी नहीं थी जितनी कि उनके अपने देवताओं—भुइयाँ महाराज, सलहेस राजा और दीना भद्री वग़ैरह—में।

'कंकाली माई का नाम लेकर औघड़ ने एक ही साँस में देसी ठर्रे का अद्धा चढ़ाया; महाप्रसाद तैयार किया था, जी-भर उसे भी पा लिया। इत्मीनान से चरस का दम लगाया। फिर चिमटा और झोली सँभालकर मेरे करीब आया...

'पहले उसने वेदी पर चिमटा फटकारा और ज़ोरों से आवाज़ मारी—"ओ ऽ ऽ ऽ ङ् अलऽख निरंजऽन् भग् सा ऽ ऽ ऽ ले``` !!!" बाद में ध्वजा उखाड़कर अलग गिरा दी। झोली से खुरपी निकालकर जहाँ-तहाँ से चबूतरा खोद डाला। आखिर में लोहे की एक कील निकाली औघड़ ने।

'तब तक भारी भीड़ इकट्ठी हो गई थी। सभी दम साधकर औघड़ का करतब देख रहे थे और मैं खूब खुश हो रहा था।

'उस कील को औघड़ ने मेरे सीने में ज़रा-ज़रा ग्यारह दफे ठोका—ठोककर निकाल लेता और देख लेता; ग्यारहवीं बार बोला : "चकरपाइन पाठक! अब तुम इस कील की हिरासत में आ गए बाबू! चलो, अब मेरे साथ..."

'औघड़ वह कील साथ लेता गया। रुपउली से उत्तर मकरमपुर के नजदीक जीबछ की पुरानी धार के किनारे एक बुड्ढा पीपल था, उस कील को बाबाजी ने उसी के सीने में ठोक दिया...हथौड़ी की चोट से जब समूची कील ठुक चुकी तो औघड़ भभाकर जोरों से हँसा था। रुपउली से पचासों जने तमाशा देखने गए थे।

'इस तरह मुझे उस ब्रह्मराक्षस से छुटकारा मिला और अगले ही वर्ष मद्धू पाठक का ब्याह एक लँगड़ी लड़की से हो गया था।

'दहशत के मारे फिर भी दो-तीन महीने तक लोग खुलकर यहाँ नहीं आते थे। लेकिन आहिस्ते-आहिस्ते बंदिशें टूटने लगीं, चरवाहों का अड्डा फिर जमने लगा। बच्चे बे-झिझक यहाँ फिर खेलने लगे। जवान

और अधेड़ बेतक़ल्लुफी से यहाँ फिर डटने लगे। बुड्ढों का यह आरामगाह फिर बदस्तूर चालू हो गया। छाँह में बैठकर बहू-बेटियाँ फिर स्नेह-छोह की मोटी-महीन जालियाँ बुनने लगीं और मैं अपना सहज-स्वाभाविक जीवन पाकर फिर उसी तरह झूमने लगा।'

जैकिसुन की आँखें खुशी से चमकने लगीं।

गौरैया के बच्चे ने मुलायम पंख हिलाए, उसकी नरम चंगुलों की मधुर खरोंच का अनुभव करके बाबा ने कहा :

'बेटा, ज़रा फुरसत दे मुझे!'

वह उठकर चूज़े को उठाए हुए अपने बाँके पेड़ की तरफ गए, डालों और टहनियों में गायब!

8

थोड़ी देर बाद बाबा पेड़ से बाहर निकल आए, गौरैया का बच्चा साथ नहीं था।

बैठ गए और बोले :

'वह अपने घोंसले में पहुँच गया है। तुझे नींद तो नहीं आ रही है?'

जैकिसुन ने सिर हिलाकर बतलाया कि उसे नींद नहीं आ रही है।

सचमुच उसकी आँखों में कहीं पता नहीं था नींद का! जाने, आज उसकी नींद कहाँ उड़ गई थी! दिन-भर भटका था, लेकिन थकावट नहीं महसूस हो रही थी...

बाबा ने कहा :

'रात अब दो-पहर से ज्यादा हो आई है। बातें अभी काफी बाकी हैं। आज सब बातें न भी बतला सकूँ तो क्या कोई हर्ज रहेगा?'

जैकिसुन ने माथा हिलाकर इशारे से बतलाया—'नहीं।'

बाबा ने बतलाया :

'देख, पूर्णिमा की चाँदनी खिली हो और लोग जगे न हों तो तू बेखटके मेरे यहाँ चले आया करना; घड़ी-आध घड़ी, पहर-आधा पहर बैठकर मेरी बातें सुन लेना और फिर अपना चल देना!'

जैकिसुन ने संकेत से मंजूरी जतलाई।

बाबा बोला :

'पिछले भूकंप ने मुझे गिरा नहीं दिया होता तो अब तक मैं और बढ़ गया होता। वह दुर्घटना मेरी तन्दुरुस्ती को पी गई और हमेशा के लिए मुझे अपाहिज बना गई। कभी-कभी अपना जीवन मुझको भार प्रतीत होता है और तब अपनी मौत मनाने लगता हूँ, लेकिन इस बस्ती का कोई नहीं चाहता कि मैं खत्म हो जाऊँ। रुपउली का एक-एक बच्चा मुझे प्यार करता है, यहाँ की एक-एक स्त्री मेरे स्वास्थ्य के लिए भगवान् सूर्यनारायण के सामने अपना आँचल फैलाती है। टुनाइ, जैनरायन और उनके घरवाले ज़रूर ऐसा नहीं चाहते मगर गाँव के आम लोग तो मुझे अपने जीवन का एक आवश्यक अंश मानते हैं। मुझ पर सभी का समान अधिकार है।

'पता लगाएगा तो गाँव के बूढ़े-बूढ़ियाँ तुझे मेरे बारे में बताएँगे। बाढ़ के दिनों में, आग में समूची बस्ती स्वाहा हो जाती है उन दिनों में, प्लेग और महामारी के समय...मुसीबत का चाहे कैसा भी दौर गुजरा हो, मैं लोगों के काम आया हूँ। इनकी वजह से हर किस्म की तकलीफ बरदाश्त की है मैंने...

'जीवनाथ का चाचा पागल हो गया था। एक बार वह कहीं से आरी उड़ा लाया और रात के वक्त ऊपर चढ़कर मेरी एक मोटी डाल काट डाली। मैं दो दिनों तक बेहोश रहा। लोग बेहद खफा हुए और पकड़कर 'हड़ी' में डाल दिया उसे उन्होंने। तेरा बाप, जानू राउत, चिकनी मिट्टी के चूरन में तेल-हल्दी मिलाकर मेरे उस बड़े घाव पर गीली मिट्टी का मोटा पट्टर डेढ़ महीने तक बाँधता रहा, खोलता रहा। निरोग तने की रगों का ताज़ा रस कटाव को भरता आया, जिंदा छालों की पपड़ी चारों ओर से बढ़ती आई। चार महीने बाद घाव की जगह बिलकुल भर गई।

'मोटी डालों से अब बरोज के लाल-लाल गुच्छे निकलने लगे थे। कुछ-एक बरोज नीचे लटक गए थे। बरोज के ताजा गुच्छों की लाली मूँगे की दहकती लाली को मात करती थी। जो भी देखता, देखता ही रह जाता...

'बाढ़ यों तो कई बार मैंने देखी है, लेकिन एक बार ऐसी भयानक बाढ़ आई थी कि यह समूचा इलाका पंद्रह दिनों तक डूबा रहा। उन दिनों जीबछ और कमला दो नहीं, एक ही नदी थी। अपने गाँव के करीब ही, पच्छिम की ओर ज़रा हटकर बहती थी। चालीस-पचास वर्ष हुए होंगे। मैं अपनी जवानी में मस्त रहता था। किसी की कोई परवाह नहीं थी। उन्हीं दिनों वह विकराल बाढ़ आई। उस वर्ष बैशाख और जेठ के बीच हलके-हलके काफी वर्षा हुई थी। किसान खुश थे कि भदई की फसलें पहले तैयार हो जाएँगी और धान की अगहनी फसलों पर भी शुरू-शुरू की इन बारिशों का अच्छा असर पड़ेगा। लेकिन असाढ़ के बीचोबीच जीबछ नदी में उस वर्ष अनोखी बाढ़ आ गई।

'फसलें डूब गईं, मैदान समुद्र बन गए। आसपास के इलाकों में बहुत सारी बस्तियाँ कमर-भर पानी के अंदर आ गईं। तेरी यह रुपउली काफी ऊँचाई पर है। सो, यह गाँव टापू-जैसा लगता था। रजबाँध भी पानी के अंदर था और मेरे भी चारों ओर घुटना-घुटना-भर पानी लहराने लगा।

'चमारों के घरों के अंदर पानी घुस गया तो वे बुढ़िया-पोखर के मुहार पर आ गए।

'धमियापट्टी के नज़दीक मुसहड़ों की एक बस्ती थी। बाढ़ का प्रकोप बढ़ा तो वह कमर-भर पानी के अंदर आ गई। औरत-मर्द, सर-सामान और बाल-बच्चों को लिए-दिए भाग आए। मचान बाँधकर वे मेरी डालों पर रहने लगे। बड़ी मुसीबत थी बेचारों के लिए। रोज मज़दूरी करें, रोज खाएँ...लेकिन उन दिनों तो सारे काम-काज बंद पड़े थे। ज़मीन पानी के अंदर थी तो वहाँ भला काम क्या होता? दस-पाँच रोज किसी तरह उनका काम चला फिर फाके पड़ने लगे।

'मेरी डालों पर बाढ़ के मारे साँप भी बहुतेरे आ गए थे। बिलों में पानी, धरती पर पानी, बेचारे जायँ तो कहाँ? छोटे-छोटे कीड़े तो मानो लाखों की तादाद में इन टहनियों और पत्तों में बसेरा लिए हुए थे। छिपकलियाँ आ गई थीं, गिलहरियाँ तो खैर पहले से यहाँ रहती

ही थीं। रात के वक्त चिड़ियाँ भी काफी इकट्ठा हो जातीं। बाढ़ की मुसीबतों ने उन्हें आपस में एक-दूसरे के प्रति सहनशील बना दिया था।

'खाने को दाने नहीं, पीने को कुएँ का पानी नहीं। मचान पर एक बच्चे को साँप ने काट खाया और अगली सुबह उसकी जान चली गई। गर्दन में दो ईंट बाँधकर बाप उसे अथाह पानी में डाल आया। मज़दूरी की खोज में शहर की ओर पहले मर्द निकले, पीछे बच्चों को लेकर औरतों ने भी उधर का ही रास्ता लिया। बाकी बचा मचान सो उसकी चचरियाँ खोलकर अपने चमार भाई ले गए एक रोज।

'छप्परों की फूस के तिनके, बाँस के बल्ले, धुएँ की वजह से काले पड़े डोरियों के टुकड़े, गाय-बैल का पगहा, बाँस की खपच्चियों की फटी टूटी बिजनी, बच्चों के खिलौने, सूप-चंगेरी और टोकरी...बाढ़ के पानी में जाने कितनी चीजें उतराती फिर रही थीं! बीच-बीच में एक आध लाश भी तैरती दीख जाती, लोग पतले-लंबे बाँस से खोंचाड़-खोंचाड़कर जीबछ के प्रवाहों में पहुँचा आते। गाय-बैल की लाश होती तो चमार भाई उसे पानी से बाहर निकाल लाते और खाल छुड़ाकर फिर उसको भसिया देते धार की ओर।

'गंडक, करेह, बाग्मती, कमला, बलान, तिलजुगा, धेमुड़ा और कोसी– सभी नदियों ने उस वर्ष विकराल रूप धारण किया था। सावन की पूर्णिमा बीती नहीं थी परंतु बाढ़ का हमला तीन-तीन बार हो चुका था। गंगा से उत्तर और नेपाल तराई से दच्छिन का सारा भूखंड पानी के अंदर आ गया था।

'दरभंगा से पूरब नाव पर सवार होते तो लोग सुपौल और मधेपुरा तक चले जाते, कहीं उतरने की ज़रूरत ही नहीं पड़ती बीच में। लेकिन इतने बड़े इलाके में सौ-पचास नावों से भला क्या होता है? आम लोगों के लिए कहीं आना या जाना बिलकुल असंभव था। निर्मली और भपटियाहीवाली रेलवे लाइन हाल ही तैयार हुई थी, झंझारपुर से आगे मानसी तक वह डूब गई थी।

'हाट और पेठ का काम रुक गया था। खरीद-खरीदकर चावल-दाल जुटानेवालों के लिए और बेच-बेचकर धंधा कमानेवालों के लिए वे बहुत बुरे दिन थे।

'दूसरों के खेतों में मज़दूरी करके जीविका चलानेवालों का तो और भी बुरा हाल था। यह बाढ़ उनके लिए भुखमरी का बिगुल बजाती आई थी। रास्ते बंद थे, भागना भी आसान नहीं था।

'मामूली किसान चावल तो क्या, जलावन के अभाव में खेसाड़ी और मसूर के दाने भिगो-भिगो करके चबाया करते थे।

'कुओं का पानी पीने के लायक नहीं रह गया था। लोग पटापट बीमार पड़ते थे। दवा-दारू का कोई इन्तज़ाम नहीं...राजाबहादुर का एक वैद्य था, वह खुद ही बीमार होकर मरने-मरने पर था।

'मवेशियों के लिए चारा जुटाना मुश्किल था। चरागाह सब-के-सब पानी के अंदर थे। तालाबों के भिंड, रजबाँध का कुछ हिस्सा, गाँव के बीचवाले खुले डीह...बड़े किसानों की ही गाय-भैंस और बैल उस पर चर पाते थे। बाकी ढोर-डंगर गलियों में आवारा फिरते थे, बाड़ियों के बाहर लतरी हुई तरोई-नेनुआ की बेलों पर मुँह मारा करते...हरियाली के नाम पर बस उतनी भर गुंजायश रह गई थी उनके प्रलोभनों के लिए।

'बाढ़ के उन दिनों में, बेटा, चार आदमी साँप के काटने से मर गए थे अपने गाँव के। बाढ़ के कारण दूसरे गाँवों से ओझा-गुनी नहीं मँगवाए जा सके, इस बात का लोगों को भारी अफसोस रहा।

'मकई, मड़ुआ, साँवाँ-कावन की खड़ी फसलें चौपट हो गईं। धान का बीआ (अंकुर) पानी के अंदर पड़कर सड़ गया। रोपे हुए धान के पौधे बर्बाद हो गए। गम्हड़ी, आउंस, गद्‌दड़ वगैरह भदैया धान की तैयार खेती किसी काम की न रही।

'सवा महीना तक बाढ़ का यह प्रकोप रहा। हटा तो यों ही नहीं हटा वह, कई तरह की बीमारियों का प्रसाद थोड़ा-थोड़ा करके हर इलाके में बाँटता गया।

'तेरी दादी उसी बाढ़ के बाद जो बीमार पड़ी सो फिर कभी नहीं उठी। पेट की पिल्ही काफी बढ़ गई, बदन में लहू बूँद-भर भी रह नहीं गया और अगहन में आकर उसने दम तोड़ दिया। देहातों में इंजेक्शन-फिंजेक्शन तो तब चला नहीं था बेटा! हाँ, लहेरियासराय में एक अस्पताल सरकार की तरफ से खुल गया था। लेकिन पंडितों की कृपा से कोई आदमी यहाँ का ऐसा नहीं था जो अंग्रेज़ी दवा का नाम भी लेता। सभी एकमत थे कि शहरों के अंदर यह जो अस्पताल खुल रहे हैं वे हिंदुओं को भ्रष्ट करने के खिस्टानी कारखाने हैं...गोमांस का अर्क, सूअर का लहू, विष्ठा का सत, आदमी की खोपड़ी का गूदा–विलायत से दवाएँ तैयार होकर आती हैं...जोरों की अफवाहें फैली हुई थीं डाक्टरी दवाओं के खिलाफ!

'उस वर्ष फसली बुखारों से भी कई जानें गई थीं। मरनेवालों में बच्चों की ही तादाद ज्यादा थी। बाढ़ के अंदर दबी पड़ी फसलों के सड़े-सूजे दाने सुखा लिए गए थे। पेट में पहुँचते ही उन्होंने अपना ज़हरीला असर फैलाना शुरू कर दिया; कुछ गरीब इससे मरे थे। बाढ़ के बचे-खुचे पानी मलेरिया के मच्छरों के लिए जच्चाखाना बन गए, उन्होंने बहुत दिनों तक यहाँ तबाही फैलाए रखी।

'बाढ़ के ज़हरीले पानी का प्रभाव मुझ पर भी पड़ा था बेटा! टूसे सूख गए, पत्तों पर काले-काले पीले-पीले दाग पड़ गए, टहनियों की छाल चटक उठी। डालें फटने लगीं। तनों की मोटी छालों में ददोरे पड़ गए। धड़ के नीचे का थोड़ा-सा हिस्सा सूखता-सूखता आखिर खोखला होने लगा, साल-भर बाद उतना बेकार काठ बुरादा बनकर निकला... हँड़िए की शकल का यह खोडर तभी का है बबुआ रे!'

जैकिसुन बचपन से बरगद का खोडर देखता आया था। यह खोडर गाँव के बच्चों के लिए मिट्टी के खिलौने रखने का आला था। इसमें गिल्ली-डंडा, कौड़ियाँ, गुलेल की गोलियाँ, गोफन के ढेले, सतघरा और बाघ-गोटी की गोटियाँ वगैरह भी जब-तब पड़ी रहती थीं...इतने अच्छे पेड़ में यह खोडर कैसे बन गया, यह बात जैकिसुन को मालूम

नहीं थी। उसने बाबा के चेहरे पर गहरी दृष्टि डाली।

बाबा थोड़ी देर चुप रहा, फिर बोला :

'तेरे दादा के ज़माने में यहाँ से कोस-भर पूरब एक साहब आकर बस गया। क्या ही शानदार कोठी बनवाई थी उसने! महाराज बहादुर से दो सौ एकड़ जमीन सौ साल के पट्टे पर नील की खेती के लिए उसको मिली थी। दुमका की तरफ से मुसहड़ों के पचास परिवार वह ले आया, कोठी के दच्छिन उनकी बस्ती आबाद हो गई। उन्हीं लोगों से साहब नील की खेती कराता था। वे उसके गिरमिटिया मज़दूर थे। वह उनका पूरा मालिक था—मेहनत का भी, जान का भी, माल का भी। उन दिनों गोरों का आम लोगों पर भारी आतंक था। शहर हो चाहे देहात, व्यापार-वाणिज्य का क्षेत्र हो चाहे किसानी-ज़मींदारी का, जज-कलक्टर होता हो या सेक्रेटेरियट—सब जगह गोरी चमड़ीवालों की तूती बोलती थी। कानून और हकूमत उनके बूटों की कीलों के नीचे थे। राजाओं के मुकुट और ज़मींदारों के तुर्रेदार पग्गड़ फिरंगियों के रास्ते की धूल के ज़र्रों को चूमने के लिए बेताब दीखते थे...

'पचास वर्षों तक यह कोठीवाला साहब पास-पड़ोस की जनता के स्वाभिमान को रौंदता रहा। अपने गिरमिटिया मज़दूरों के साथ तो वह इस तरह पेश आता था जिस तरह बाघ खरगोशों के साथ पेश आता है। बाकी लोगों की भी उसकी नज़रों में कोई कीमत नहीं थी। धनी-मानी जो थे, वे किस्म-किस्म की सौगात भेजते रहते थे साहबबहादुर की खिदमत में कि उन पर उसकी शनि-दृष्टि न पड़ जाय! परसादीपुर, धमियापट्टी और अपनी रुपउली के किसानों पर इस जौन साहब ने तिनकठिया लागू कर दिया था।

'तिनकठिया समझा बेटा?'

'नहीं!'—जैकिसुन ने निषेध में सिर हिला दिया।

बाबा ने कहा :

'एक बीघा में बीस कट्ठा ज़मीन होती है न! तो प्रति बीघा तीन कट्ठा ज़मीन में नील की खेती करने के लिए किसान मजबूर किए जाते

थे। यह दबाव ज़मींदारों और सरकारी अफसरों द्वारा डलवाया जाता था। जो नहीं मानता, उसे कई तरह से परेशान करते थे। तुम्हारे दादा को जौन साहब के साले ने महज इसलिए पीट दिया एक बार कि वह सलाम करने से चूक गया था। बाज़ार से आ रहा था। एक हाथ में तेल का बर्तन था, दूसरे में मछली लटक रही थी; बगल से लाठी दबा रखी थी और माथे पर अरहर की छोटी-सी गट्ठर। इधर से घोड़े पर सवार गोरा जा रहा था, जौन साहब का साला। दोनों एक-दूसरे को पहचानते थे। तेरा दादा आपा खोकर कुछ सोचता चला आ रहा था। उसे साहब को सलाम करने का खयाल ही न रहा। अगले ही रोज़ साहब के सामने अधिकभाई की पीठ पर हंटरों की बौछार पड़ी... ता-ज़िंदगी तेरे दादा की पीठ पर हंटर के वे निशान बने रहे।'

यह घटना सुनकर जैकिसुन की मानो साँस टँग गई। बेचारे को इसके बारे में बिलकुल मालूम नहीं था। चम्पारन में नील के कारखानेदार कई थे, इतना तो वह जानता था लेकिन अपने इस इलाके में भी कोई नील-दानव कभी रहा होगा—यह कल्पना जैकिसुन को नहीं थी। कोठी और बंगले का खँडहर तथा नील की टूटी-फूटी हौदी वह बचपन से देखता आया था।

बाबा ने कहा :

'पचास-पचपन वर्ष हुए, साहब अपनी ज़मीन बेचकर कलकत्ता चला गया। नील की खेती पीछे फायदे की नहीं रह गई और पास-पड़ोस के दबे-पिसे किसानों का धीरज छूटने ही वाला था कि फिरंगिया जान लेकर भागा।

'इस गाँव में सबसे पहले जैनरायन के चाचा ने अंग्रेज़ी पढ़ी। घर से चावल और दाल दरभंगा पहुँचाए जाते, खुद रसोई करके बेचारा खाता-पीता। उन दिनों पटना में यूनिवर्सिटी नहीं थी। बिहार बंगाल के अंदर ही था। सन् 1905 ई. में कपिलेश्वर ने मैट्रिक पास की और दो साल बाद मुख्तार बन गया वह। लहेरियासराय की अदालत में मुकदमों की पैरवी करने लगा। चार-छः वर्ष बाद तो जैनरायन का यह चाचा

चमक उठा। लहेरियासराय के अच्छे मुख़्तारों में उसकी शुमार होने लगी।

'दूसरा आदमी था टुनाइ का भाई जगमोहन जिसने अंग्रेज़ी पढ़ी-लिखी। इंट्रेन्स की परीक्षा पास होते ही वह झारखंड के किसी स्टेट में छोटा तहसीलदार बहाल हो गया। उसकी भी किस्मत अच्छी तरह चमकी।

'अब तो खैर रुपउली में पचीसों आदमी अंग्रेज़ी पढ़-लिख गए हैं। मिडिल तक तो तू भी पढ़ा है न?'

सिर हिलाकर जैकिसुन ने स्वीकार किया।

बटेश्वरनाथ बोला :

'तेरी जात-बिरादरी के लोग भी अब पढ़ने-लिखने लगे हैं। कुछ तो अच्छे ओहदों पर भी पहुँच गए हैं। कई अब असेंबली के मेंबर भी हैं...पहले ज़माने में ज्ञान-विज्ञान और पढ़ाई-लिखाई बड़ी जातिवालों की बपौती थी। अब पाठशालाओं और स्कूलों के दरवाज़े सभी जातियों के बच्चों के लिए खुल गए हैं मगर ऊँची जातिवालों का आपसी पक्षपात और 'शुभ-लाभ' के लिए उनकी आपाधापी जब तक मौजूद रहेंगे तब तक मानव-समाज की सामूहिक प्रगति नहीं होगी।'

जैकिसुन को सकरी का वह अछूत स्टेशनमास्टर याद आया जिसके बारे में थूक लगाकर टिकटें बाँटने की अफवाह उड़ाई थी लोगों ने...

क्षण-भर रुककर बाबा ने कहा :

'तेरे बाप की यह भारी साध थी कि बेटा कुछ पढ़-लिख जाय। वह ज़िंदा रहता तो ज़रूर तू मैट्रिक पास कर लेता। विद्या सिर्फ धन से नहीं होती। धन से ही अगर पढ़ाई होती तो राजाबहादुर का परपोता यह बाबू कृष्णदत्तसिंह सारी डिग्रियाँ हासिल कर चुका होता। कितने मास्टर रखे गए, कितनी रकम खरची गई उसकी पढ़ाई पर! मगर मैट्रिक से आगे वह नहीं बढ़ सका।

'जानू राउत पढ़ा-लिखा नहीं था लेकिन दुनिया उसने खूब देखी

थी। पटना, जमशेदपुर, कलकत्ता, ढाका और जलपाइगुड़ी और कटिहार का पानी पिया था उसने। बाबूसाहब देवीदत्तसिंह ने चारों धाम की यात्रा की थी, उस यात्रा में टहलुआ के तौर पर तेरा बाप ही साथ गया था। बाबूसाहब घूम-घामकर जब वापस आ गए तो जानू राउत को इनाम में मन-भर चावल, धोती-चादर और एक गाय मिली थी।

'बाबूसाहब ने धूमधाम से अपनी माँ का श्राद्ध किया था। श्राद्ध के बाद पच्चीस सौ पंडितों को निमंत्रण गया था। पहली वर्षी के अवसर पर देश के कोने-कोने से विद्वान् लोग गौरीपुर-डेवढ़ी में जुटे थे। विदाई और आदर-सत्कार में एक लाख खर्च हुआ। तेरा पिता दो महीने राजासाहब के यहाँ प्रबंध-संबंधी कामों में लगा रहा। वह बड़ा चतुर था, साथ ही मेहनती और ईमानदार भी था। स्वाभिमान की भी काफी मात्रा थी उसके अंदर। इसी से राजाबहादुर समय-समय पर उसे दरबार में बुलाते रहते। दस-पाँच रोज़ डेवढ़ी में रहकर जानू काम कर देता और सलाम ठोककर वापस आ जाता। जी-हुजूरी में उसका दम घुटता। मुफ्तखोरी उसके स्वभाव के अनुकूल नहीं थी। दूसरा होता तो दरबार में बिलकुल चिपक जाता।'

जैकिसुन को अपना बाप अच्छी तरह याद था। आठ वर्ष पहले उसका देहांत हुआ, तब जैकिसुन की आयु पंद्रह साल की थी। पिता के बारे में उसने माँ से बहुतेरी बातें सुनी थीं। लेकिन बाबा के मुँह से अपने बाप की प्रशंसा सुनकर जैकिसुन गद्गद हो उठा। '30-'32 के आंदोलन में जानू राउत दो महीने जेल भी रह आया था। नमक-कानून तोड़ने के दिनों में बस्ती रुपउली के तीन आदमी गिरफ्तार हुए थे... जानू राउत, दयानाथ राय और वीरभद्र झा...जैकिसुन उन दिनों ढाई-तीन साल का अबोध बालक रहा होगा। उसने सविनय-कानून-भंग-आंदोलन के बारे में काफी कुछ सुन रखा था। अब सही ब्यौरा वह बरगद बाबा से मालूम करना चाहता था। पुरानी बातें कुछ-न-कुछ सुन ही ली थीं, आगे जैकिसुन को राष्ट्रीय मुक्ति-संग्राम की कहानी सुननी थी...

बाबा ने गंभीरतापूर्वक कहा :

'जनुआ को साँप ने काट लिया नहीं तो पच्चीस-तीस वर्ष वह और ज़िंदा रहता। पड़ोस के घर की पुरानी भीत में चूहों ने बिल बना रखे थे। वहीं एक बिल में कहीं से आकर काला नाग रहने लगा था।

'जानू राउत को बागवानी का बड़ा शौक था। घर के पिछवाड़े दस धूर (बिस्वाँसी) की वह बाड़ी तेरे बाप की मेहनत-मशक्कत से हमेशा हरी-भरी रहती थी उन दिनों। तेरी माँ को लगाव हरियाली से उतना कभी नहीं रहा। अब तो खैर बुड्ढी हो गई है, आठों पहर होंठों से हुक्के की नारियल सटाए रहती है। पहले भी काम के पीछे हाय-हाय करनेवाली औरतों में तेरी माँ की शुमार रही हो, ऐसी बात नहीं थी। देखा है तूने कभी अपनी माँ को हड्डी-तोड़ मेहनत करते? सच-सच बतलाना! हाँ!'

जैकिसुन ने सिर हिलाकर 'ना' का संकेत किया।

बाबा बोला :

'तो, खेती-गिरस्ती से जो समय बच जाता उसका अधिक अंश जनुआ अपनी बगिया के साज-सँवार में लगाता। राजासाहब के बाग से कागज़ी नीबू का एक कलम ले आया था। अब उसकी झाड़ हर साल फल देती। एक पेड़ अमरूद का लगाया था। बीजू आम के दो पेड़ काफी बड़े हो आए थे। एक झाड़ गुलाब जामुन की भी लगाई थी। अलावा इसके, मौसमी साग- भाजियाँ वह खुद ही उगा लेता था। एक बार छिपाकर जानू ने गाँजे के दो पौधे उगाए थे...'

'गाँजे के पौधे!'...जैकिसुन चौंक उठा। पिछले वर्ष परसादीपुर का एक बाभन इसीलिए फँस गया था कि उसके घर के पीछे गाँजे का एक पौधा देखा गया था। चौकीदार ने थाने में जाकर रिपोर्ट कर दी। लाल मुरैठावाले दो जवान आए और असामी को गिरफ्तार करके लहेरियासराय ले गए। लाख कोशिश-पैरवी पहुँचाई गई लेकिन अदालत ने दो महीने की कड़ी कैद की सजा ठोक ही दी उस ग़रीब पर! पकड़े जाने पर जैकिसुन के पिता को भी अदालत दंड दे सकती थी...जैकिसुन को ऐसा लगा कि इस वक्त भी उसकी बाड़ी में गाँजे के पौधे खड़े हैं और

चौकीदार ने थाने में खबर कर दी है...वह देखो, लाल पगड़ीवाले उसे गिरफ्तार करने आ रहे हैं।

बाबा ने मुस्कुराकर कहा :

'तेरा बाप गाँजा खूब पीता था। लेकिन जान-बूझकर उसने गाँजे के पौधे नहीं उगाए थे उस बार। भंग के पौधे समझकर पहले जिन्हें बढ़ने दिया, बाद को अपनी तेज़ और मस्त कर देनेवाली बू की वजह से कुछ और ही साबित हुए। पत्तियाँ और टूसे उन पौधों के भंग की ही तरह के थे, हाँ, महक उनमें गाँजे की थी। मसल-मसलकर जनुआ ने उन्हें सूँघा कई दफे, सोचा...भाँग की ही कोई किस्म होगी। दयानाथ से उसकी खूब छनती थी। मालूम होने पर दयानाथ ने मना किया कि मत रखो उन पौधों को, फेंक दो उखाड़कर, फसाद की जड़ हो सकते हैं साले! क्या कमी है, बाज़ार से लाकर दम लगाया करो...

'परंतु नहीं, वे पौधे खूब बढ़े और चुपचाप बढ़े। उनकी मंजरियाँ सुखा-सुखाकर जानू ने रख लीं और बरसात के दिनों में चिलम में सुलगा-सुलगाकर उनका मज़ा लूटा। बस, दुबारा नहीं गाँजे के पौधे उसने कभी फिर पाले।

'उसी बाग़वानी ने बेचारे की जान ले ली।

'थोड़ी-सी जगह और काफी पेड़-पौधे...रेंगनेवाले कीड़ों के लिए तो वह कुंजवन ही था। बरसात का मौसम उस कुंजवन को बेहद घना कर देता था। रात-भर मेंढक, न्यौले और झींगुर वहाँ कोलाहल मचाए रहते।

'पड़ोस का घर एक कविजी महाराज का था। पत्नी, तीन बच्चे और पीतल-काँसे के चार-छः मामूली बर्तन, मिट्टी के दो-तीन मटके, फटे कम्बलों और पुरानी रजाइयों का छोटा-सा ढेर, टूटी तख्तपोश...ऊपर से फूस के छप्परोंवाला पुराना मकान। गिरस्ती का बुरा हाल था। बच्चे शायद ही तंदुरुस्त रहते हों। आमदनी का कोई बँधा-बँधाया सिलसिला तो था नहीं। श्रीमंतों, ज़मींदारों, राजाओं तथा नेताओं के मिजाज माकूल रहे तो चार पैसे मिल गए वरना टके की बादशाही में मस्त रहते

थे कविजी–भंग का हरा रस ही उनके लिए सुधासिंधु था। उनके पैरों में चक्कर था। बीस वर्ष की आयु के बाद शायद ही वह कभी पंद्रह रोज़ लगातार रूपउली रहे हों। स्वर कविजी का इतना मीठा था कि रोता हुआ शिशु उनका कविता-पाठ सुनकर मुस्कुराने लगता था, बिल्ली अपने शिकार को सामने से बेधड़क गुजर जाने देती थी।

'न जाने, कहाँ से एक करैत (काला नाग) आकर कवि के घर की भीत के अंदर रहने लगा था। पड़ोसियों ने कवि का ध्यान उस ओर दिलाया तो वह क्या बोले, बताऊँ?'

जैकिसुन बाबा की ओर प्रश्नसूचक निगाहों से देखने लगा। अभी चार ही साल पहले तो कवि का स्वर्गवास हुआ है...

बाबा ने कहा :

'कविजी बोले..."स्वयं शेषनाग ने यह कृपा की है मुझ पर! मैं अपना खंडकाव्य समूचा-का-समूचा भगवान नागनाथ को सुनाऊँ। मत्कुणीक्रंदन!! (खटमल-विलाप) कितनी मेहनत से मैंने यह रचना तैयार की है।"

'उस शेषनाग ने जानू राउत पर बड़ी कृपा की, कविजी पर चाहे जैसी कृपा की हो।'

जैकिसुन को अपने बाप की मौत की याद आ गई। शाम का वक्त था। सूरन का चोखा बना था रसोई में। राउत ने जैकिसुन की माँ से पूछा..."नींबू का रस खूब डाला है कि नहीं?" जवाब में किसी ने कुछ नहीं कहा। रउताइन ने एक ही नींबू निचोड़ा था, बेचारी को खुद ही संदेह था कि जिमींकंद की कबकबी (खरास) इत्ती-सी खटाई से कटी होगी। राउत घर के पिछवाड़े गया, बगिया से नींबू लाने। लौटा तो 'सी-सी-सी-सी' 'सू-सू-सू-सू' करता हुआ आया और धम् से आँगन की लिपी-पुती भूमि पर बैठ गया। दो नींबू थे हाथ में, वे छूटकर अलग-अलग दिशा में लुढ़क गए...साँप ने डस लिया था दाहिने पैर की एड़ी के पास...जहर फैलता गया, बेहोशी बढ़ती गई। सुबह होते-होते नाड़ियों की गति बिलकुल रुक गई। इसी बरगद के नज़दीक रात-भर

झाड़-फूँक होती रही थी...

जैकिसुन को वे क्षण अच्छी तरह याद थे।

बाबा चुप था।

जैकिसुन अपने पिता की स्मृति में डूब गया। बुलंद चेहरा, चौड़ा कपार, घनी भौंहें, सफेद और चिकने दाँत, छँटी मूँछें...बदन में बाल कितने थे! और हँसता था किस तरह खिलखिलाकर। ज्यादा बोलता नहीं था!

जैकिसुन बाप के कंधों पर बैठकर परसादीपुर और सतगामा जाया करता था दुर्गापूजा या कृष्णाष्टमी के मेले में थियेटर देखने... लेकिन तब वह सात-आठ वर्षों का रहा होगा। ननिहाल के रास्ते में भुतही बलान की धार पड़ती है, चौमासे में तो खैर नाव की शरण लेते हैं लेकिन कई बार जैकिसुन ने पिता का हाथ पकड़कर उस नदी को पार किया होगा...घुटनों-भर या कमर-भर पानी में से होकर।

9

जैकिसुन को थोड़ी देर तक सोचने का मौका देकर बरगद बाबा फिर बोले :

'जानू, दया और वीरभद्र तीनों एक ही उम्र के थे। तीनों का बचपन मेरी छाँह में बीता था।

'दयानाथ शत्रुमर्दन राय का पोता था। वीरभद्र था बलभद्र का पोता। दयानंद को पढ़ने-लिखने का मौका नहीं मिला लेकिन वीरभद्र कलकत्ता यूनिवर्सिटी का ग्रेजुएट था। घरवालों की राय में उसे 'बंगाल की हवा' लग गई थी।

'बंगाल की हवा का मतलब समझा?'

"नहीं!"

जैकिसुन की समझ में सचमुच नहीं आया कि बंगाल की हवा से बाबा का यहाँ क्या अभिप्राय है।

बाबा ने कहा :

'बंगाल के नौजवान महात्मा गाँधी की असहयोग और सत्य-अहिंसा की बातों में आस्था नहीं रखते थे। दुश्मनों को पछाड़ने के जितने भी तरीके हो सकते हैं, वे उन्हें आज़माने के पक्ष में थे। ईस्ट-इंडिया कंपनी के ज़माने से ही गोरी हकूमत के खिलाफ बंगालियों का सशस्त्र प्रतिरोध शुरू हो गया था। कर्जन जब बड़ा लाट होकर आया तो उसने बंगाल को दो हिस्सों में बाँटना चाहा। वहाँ की शिक्षित और अशिक्षित समूची

जनता ने अंग्रेज़ शासकों की उस कुटिल नीति का विरोध किया। नौजवानों ने कई गोरे ऑफिसरों को मार डाला और क्रांति की एक नई परंपरा हिंदुस्तान में शुरू हुई। साम्राज्यशाही बौखला उठी तो दमन का चक्र और ज़ोरों से चलने लगा। अंग्रेज़ कूटनीतिज्ञ गोखले और गाँधी जैसे नेताओं की उतनी परवाह नहीं करते थे, क्रांतिकारियों के गुप्त संगठनों की उभार तो ब्रिटिश प्रभुओं की नींद हराम किए रहती थी...

'मैट्रिक करके वीरभद्र कलकत्ता चला गया था। ट्यूशन करके अपना सारा खर्च निकालता था। बंगाली विद्यार्थियों की संगति में पड़कर उसके भी विचार बदल गए थे।

'घरवालों की आशा के मुताबिक उसे वकील या डिप्टी मजिस्ट्रेट या प्रोफेसर होना चाहिए था। लेकिन बारह-चौदह वर्ष कलकत्ता रहकर भी वीरभद्र ही बना रहा। उसकी चर्चा चलती तो लोग कह उठते–बंगाल की हवा लग गई लड़के को...

'एक बार तीन साल की और दूसरी बार दो साल की कैद काट चुका था वीरभद्र। तीसरी दफ़ा वह यहीं अपनी बस्ती रुपउली में ही सोलह महीने नज़रबंद रहा; हफ़्ते में एक बार थाना पहुँचकर दारोगा से मिलना पड़ता था और गाँव का चौकीदार हर रात एक-आध बार नाम लेकर वीरभद्र को पुकार लेता।

'ससुरालवाले काफी मातवर थे। औरत अपने माँ-बाप की इकलौती थी। वीरभद्र का अपना घर भी 'सुखी खानदान' कहलाता था। दो बड़े भाई थे, एक बेतिया-राज की किसी सर्किल में मैनेजर था और दूसरा घर-गिरस्ती सँभाले हुए था। परिवार बड़ा था सही, मगर अस्त-व्यस्त नहीं था। ज़मीन काफी थी। पोखरा था, बाग-बगीचे थे। काम करने के लिए जन-बनिहारों की कमी नहीं थी...वीरभद्र पर दुनियादारी का रत्ती-भर भार नहीं था। बंगला-गीतांजलि, गीता का तिलक भाष्य और अंग्रेज़ी दैनिक अमृत बाज़ार पत्रिका–कुछ समय तो उसका इनमें कट जाता और कुछ समय गँवई बातचीत व बच्चों के साथ खेलों में।

'दयानाथ को अपने जीवन में पढ़ने-लिखने का अवसर नहीं मिला

था सही, लेकिन महात्मा गाँधी के लिए उसके अंदर अपार श्रद्धा और गंभीर भक्ति थी। यह श्रद्धा-भक्ति अंकुरित तो तभी हो गई थी जबकि चंपारन की भूमि पर गाँधीजी के चरण पड़े थे। नील के कारखानेदार साहबों की तरफदारी में पहले तो सरकार तन गई परंतु पीछे उसे झुकना पड़ा और इस प्रकार चंपारन की जनता को नील-दानवों से छुटकारा मिला। चार वर्ष बाद असहयोग-आंदोलन छिड़ा तो गाँधी की कीर्ति में मानो पंख लग गए; महात्माजी के नाम पर चमत्कारपूर्ण सैकड़ों किंवदंतियाँ लोगों के होंठों पर थिरकती फिरीं; बाँसुरी के छेदों से छन-छनकर गाँधीवाले बीसियों गीत गंडक, बाग्मती, कमला और कोसी की लहरों पर मचलते फिरे।

'1923 में नागपुर में झंडा-सत्याग्रह छिड़ा तो वे बैशाख के आखिरी दिन थे। रबी की फसलें न केवल पक चुकी थीं बल्कि खेतों और खलिहानों से उठकर घर के अंदर पहुँच गई थीं। अगहनी फसलें भी उस साल अच्छी हुई थीं। दयानाथ ने हिसाब लगाकर देखा कि अठारह महीने की खुराक के लायक अनाज मौजूद है। गन्ने की पिछली उपज से गुड़ तैयार किया था जिसकी बिक्री से पचास रुपए आ गए थे।

'उपज अच्छी हुई हो और घर-गिरस्ती का काम ठिकाने से चल रहा हो तो किसान अपने को क्या समझता है बेटा?'

जैकिसुन ने बाबा की तरफ देखा।

बाबा ने आँखें दुहरी करके उसे बार-बार देखा।

जैकिसुन की पलकें नीचे झुक गईं...

बाबा ने जैकिसुन की ठुड्डी छूकर उसे अपनी ओर मुखातिब कर लिया और कहा :

'उस हालत में किसान अपने को बादशाह समझता है बल्कि उस स्थिति में वह अपने आगे किसी को कुछ नहीं समझता, है न?'

जैकिसुन ने माथा हिलाकर स्वीकार किया।

बाबा बोले :

'नागपुर के झंडा-सत्याग्रह की खबर सूखे सरकंडों के जंगल में आग की तरह जोरों से फैल रही थी। गाँधीजी जेल के अंदर थे। लोगों में बेहद उत्तेजना थी। वीरभद्र का भाई काशी से 'आज' मँगवाता था। दुपहरिया में और रात के पहले पहर के वक्त उसके दालान में छोटे-मझोले किसानों का अड्डा जमता। यह उन्हीं तर्क-पंचानन महाशय की चौपाल थी जिनके बारे में पहले बता चुका हूँ। पहले इस दालान पर भागवत और ब्रह्मवैवर्त पुराण, कृत्तिवास और रामायण और काशीरामदास का महाभारत, पीछे सुखसागर-प्रेमसागर और रामचरितमानस का पारायण होता आया था। अब बनारसी दैनिक 'आज' का नंबर था।

'असहयोग और सत्याग्रह की हलचलों का यह अखबार उछलती हुई भाषा में छपता था। किसान बड़े गौर से उन्हें सुना करते।

'दो वर्ष पहले चौरी-चौरा-कांड के बाद गाँधीजी ने आंदोलन पर रोक लगा दी थी, पस्तहिम्मती के कारण लोगों का दिल पथरा गया था। झंडा-सत्याग्रह में शामिल होने के लिए कांग्रेस की अपील सुनकर अब उनके अंदर फिर सुरफुराहट पैदा हुई। दयानाथ ने किसी से कुछ बतलाया नहीं, अगले ही रोज़ पटना के लिए वह चल पड़ा। स्वयंसेवकों के जत्थे में नागपुर पहुँचा। ख़त आया तो गाँववालों को उसका ठौर-ठिकाना मालूम हुआ।

'कुल मिलाकर दयानाथ बाईस रोज़ नागपुर-जेलों में रहा। छूटा तो सीधे रुपउली आया।

'पूछने पर लोगों से यही बताया कि तीर्थ-यात्रा से लौटा है।

'और, सचमुच नागपुर का वह जाना-आना उसके लिए तीर्थ-यात्रा ही था। उन दो-ढाई महीनों में दया को जितना कुछ तजरबा हुआ उतना तीस वर्षों की आयु में उससे पहले कहाँ हुआ था।

'तेरा बाप उन दिनों ढाके में था और वीरभद्र था कलकत्ते में। मैंने दयानाथ से झंडा-सत्याग्रह की सारी कहानी सुनी तो उस व्यक्ति के सौभाग्य के प्रति एक पवित्र ईर्ष्या का अनुभव हुआ।

'बेटा, मैं अब काफ़ी सयाना हो गया था। असहयोगियों और सत्याग्रहियों की शांतिमय निहत्थी भीड़ पर लाठी-चार्ज की खबरें सुनता तो पत्ते खड़े हो जाते; टूसों से गरम-गरम भाप निकलने लगती और इन टहनियों में कुछ तनाव-सा महसूस करता।

'सतगामा के वह लीडर, जो आजकल पार्लियामेंट के मेंबर हैं, क्या नाम है उनका?'

'कुलानंद दास'—मन-ही-मन जैकिसुन बोला।

'हाँ हाँ, कुलानंद दास! याद आया नाम रे!

'यह बाबू कुलानंद दास सन् बाईस में वकालत छोड़कर गाँधी महात्मा के दल में शामिल हो गए थे, पता है तुझे?'

जैकिसुन ने 'ना' के तौर पर माथा हिला दिया।

बाबा ने कहा :

'ऐसी बात नहीं कि वकालत उनकी खूब चलती रही हो, तो भी घरवालों ने उन्हें इसकी इजाज़त नहीं दी थी कि जेल चले जाएँ।

'उन दिनों असहयोग की धूम मची हुई थी...कोई अपनी नौकरी से इस्तीफा दाखिल कर रहा था; कोई कॉलेज की पढ़ाई छोड़ रहा था; कोई प्रोफेसरी और मास्टरी पर लात मार रहा था। असहयोग की बातों को लेकर पढ़े-लिखे लोगों में खूब चहल-पहल थी।

'अपने इन देहातों का साधारण ढाँचा पिछले पच्चीस-तीस वर्षों में थोड़ा-कुछ बदला अवश्य था परंतु परिवर्तन की यह कोई उत्साहवर्धक रफ्तार थोड़े थी।

'रेलवे की छोटी लाइनें उत्तर की ओर नेपाल की तराई को छू चुकी थीं। उन दिनों इस रेलवे का क्या नाम था, मालूम है न?'

जैकिसुन ने संकेत से स्वीकार किया।

बाबा ने कहा :

'हाँ, बी. एन. डब्लू. आर. (बंगाल-नार्थ-वेस्टर्न-रेलवे)! यही नाम था। सकरी से उत्तर की ओर मधुबनी होकर एक नई ब्रांच लाइन निकाली थी जिसका आख़िरी स्टेशन जयनगर था। सकरी से पूरबवाली

लाइन भपटियाही, सुपौल, सहसी तथा मानसी होती हुई महादेवपुर घाट तक पहले ही खुल चुकी थी। इस ओर महादेवपुर घाट और उस ओर बरारी घाट, भागलपुर...स्टीमर-सर्विस मुसाफिरों को गंगा पार कराने लगी थी। समस्तीपुर रेलों का भारी जंक्शन हो गया। सिमरिया घाट और मुकामा घाट के दरम्यान जहाज चलने लगे थे। दरभंगा से उत्तर रेल की एक लाइन फैली जो सीतामढ़ी, रक्सौल, नरकटियागंज, छितौनी घाट तथा सिसबा बाज़ार होती हुई गोरखपुर को छू रही थी। इधर के सभी प्रमुख नगर रेलवे द्वारा एक-दूसरे से जुड़ चुके थे। रैयाम, लोहट, रीगा, मुक्तापुर आदि कई स्थानों में अंग्रेज़ सौदागरों ने चीनी और जूट की मिलें खड़ी कर ली थीं। विलायत की बनी चीज़ें अब इन इलाकों में धड़ल्ले से मिलने लगी थीं। देहाती कारीगरों पर इसका बड़ा ही बुरा असर पड़ा।

'अपनी इस बस्ती रुपउली पर भी इस नई व्यवस्था का वैसा ही बुरा प्रभाव पड़ा...'

जैकिसुन ने बाबा की ओर देखा। निगाहें प्रश्न उगल रही थीं।

बाबा बटेश्वरनाथ बोले :

'चमार जूते बनाना भूल गए। मोमिनों के पाँच करघे थे सो अब एक ही रह गया। चीनी की आमद ने गुड़ के व्यापार को चौपट कर दिया। बटन, सुई, आईना, कंघी, उस्तरा और कैंची...कपड़े, खेती के औज़ार...बाहरी माल आ-आकर स्थानीय उद्योग-धंधों का गला दबाने लगे। तेजी और मंदी के दो पाटों में पड़कर अनाज का एक-एक दाना कराह उठा बेटा! अनाज का एक-एक दाना ही नहीं, गाँव का एक-एक आदमी कराह उठा बेटा! बर्तन में पानी तो पहले ही जितना आता था लेकिन छेद उसमें एक के बदले अनेक हो गए थे!!

'इस अपूर्व ध्वंस-लीला के साथ ही रोजगार की कुछ नई सूरतें भी निकल आई थीं। नए ढंग से तालीम पाए हुए आदमियों का एक नौकरीपेशा बाबू-तबका और आपसी भेद-भाव भूलकर अनोखी मशीनों के ज़रिए नए तौर-ओ-तरीक़ों से काम करनेवाले मज़दूरों का एक

सर्वहारा-वर्ग अस्तित्व में आ चुके थे।'

जैकिसुन को बाबा का यह प्रवचन बुरा नहीं लग रहा था। अफसोस यही हो रहा था कि जीवनाथ और सरजुग भी क्यों नहीं यह बातें सुन पाए!

रात तीन पहर तो नहीं, लेकिन ढाई पहर ज़रूर बीत चुकी थी। मनीगाछी की तरफ से आनेवाली दो बजे की पैसेंजर ट्रेन धरती को धमधमाती हुई अभी-अभी निकली होगी...

घंटे-भर बाद चरवाहे भैंसों को खोल देंगे तो उनके खुरों की आवाज़ें और नथनों की फरफराहट सुनकर बुड्ढों की नींद अवश्य उचट जायगी।

थोड़ा रुककर बाबा ने जैकिसुन से पूछा :

'क्यों, प्यास-वास तो नहीं लगी है?'

स्वीकार की मुद्रा में जैकिसुन का माथा हिला। फिर वह अलग जाकर पेशाब कर आया।

तब तक बाबा दोने में पानी ला चुका था। जैकिसुन ने एक ही साँस में पी लिया और दोने को फेंक दिया।

दाढ़ी पर हाथ फेरते हुए बाबा ने कहा :

'अपने देश में आज़ादी की लड़ाई कई मंज़िलों से गुज़रती हुई आज की स्थिति तक पहुँची है। राजनीतिक उथल-पुथल का देश-व्यापी विराट् प्रदर्शन 1921 के अंत में पहली बार हुआ। 'प्रिन्स ऑफ वेल्स' को बड़े-बड़े शहरों में घुमाया गया था। शाही स्वागत तो उसका हुआ नहीं, हाँ, विरोध-प्रदर्शन अवश्य हुए। ब्रिटिश साम्राज्य के प्रति भारतीयों के अंदर जो विक्षोभ घुट रहा था उसका इज़हार इतने ज़ोरों में हुआ कि विलायती तानाशाह बुरी तरह घबरा उठे और दमन की चक्की दस गुनी रफ्तार से चला दी। गाँधी अपने लेखों, वक्तव्यों और भाषणों से उस व्यापक जन-क्षोभ को ठंडा करने की कोशिश करते रहे...अंत में ऊबकर उन्होंने कहा कि उन्हें 'स्वराज्य' शब्द से भी चिढ़ हो गई है।

आश्चर्य के मारे जैकिसुन की आँखें फैल गईं—' "स्वराज्य" शब्द

से भी चिढ़ हो गई गाँधीजी को!'

बाबा ने कहा :

'हाँ बेटा, गाँधीजी अपनी अहिंसा के आगे और सत्य व आत्म-शुद्धि के आगे बाकी बातों की परवाह शायद ही करते थे। जल्द-से-जल्द स्वराज्य हासिल करने के लिए 1920 के अंत में कांग्रेस ने असहयोग और बहिष्कार का नया लड़ाकू प्रोग्राम अपनाया था। बड़े नेताओं के इस निर्णय से साधारण जनता में उत्साह की अनोखी लहर फैल गई। राष्ट्रीय मुक्ति-संग्राम की धारा लोक-चेतना के समतल मैदान में उतर आई। गाँधीजी ने भविष्यवाणी कर दी थी कि वर्ष-भर में स्वराज्य मिल जाएगा...मगर इस विराट् जन-आंदोलन की रूप-रेखा क्या होगी, इस बारे में स्वयं गाँधीजी भी स्पष्ट नहीं थे और स्पष्ट थे भी तो दूसरों को उस विषय में कुछ बताना आवश्यक नहीं समझते थे। किसी की समझ में नहीं आ रहा था कि महात्मा क्या करनेवाले हैं; प्रबल पराक्रमी अंग्रेज़-सरकार को वह किन दाँव-पेंचों से पछाड़ेंगे, यह किसी को साफ-साफ सूझ नहीं रहा था।

'असहयोग का वह ज़माना अद्भुत था। देश का हर हिस्सा नई चेतना से स्पंदित होकर अँगड़ाइयाँ ले रहा था। आसाम-बंगाल रेलवे में हड़ताल हुई। मिदनापुर के किसानों ने लगानबंदी का आंदोलन छेड़ दिया। दक्षिण मलाबार के मोपलों ने बग़ावत कर दी। पंजाब में सरकार के पिट्ठू महंतों के खिलाफ अकाली सिखों की घृणा भड़क उठी।

'गाँधीजी को छोड़कर तमाम प्रमुख नेता गिरफ्तार कर लिए गए—मोतीलाल नेहरू, देशबंधु चित्तरंजनदास, लाला लाजपतराय वग़ैरह। उन्हें जेलों में बंद कर दिया गया। स्वराजी कैदियों की तादाद 30,000 तक पहुँच गई थी।

'अब एकमात्र महात्माजी कांग्रेस के डिक्टेटर थे। आंदोलन पूरे उठान पर था। कांग्रेस ने सारे अधिकार उन्हें सौंप दिए थे कि वह संघर्ष को सही दिशा दें और देश को विजय की आखिरी मंज़िल तक पहुँचाएँ। अब अवसर आ गया था कि जन-विरोधी सरकार से ताकत आज़मा

ली जाय। एक-एक भारतीय की नज़र गाँधीजी की तरफ थी कि देखें अब वह क्या करते हैं।

'आशा और उत्साह के उन तूफानी दिनों में गाँधीजी स्वयं ही बेहद परेशान हो उठे। उनका असहयोग-आंदोलन उनके सुझाए हुए अहिंसक मार्गों पर ठीक-ठीक चल नहीं पा रहा था। भूल-चूक के छिटपुट समाचार आते ही रहते थे। अहिंसा की जिस दिव्य और भव्य प्रतिमा को वह कल्पना के अपने सहस्रदल कमल पर बैठाए हुए थे, उसके चेहरे पर अनचाहे और ढीठ जन-समूहों के कड़े-नुकीले नाखूनों की गहरी खरोंच बार-बार उभर आती थी। गाँधीजी को ऐसा अनुभव होता था कि उनकी इन कोशिशों से एक महा भयानक दैत्य के पैरों की बेड़ियाँ खुल गई हैं और वह अहिंसा की देवी का गला घोंटने ही वाला है। बात-बात में महात्माजी परेशानी और हिचक प्रकट करने लगे थे; तभी तो उन्होंने कहा था कि उन्हें स्वराज्य शब्द से भी चिढ़ हो गई है।

'उन्हीं दिनों गोरखपुर जिले में 'चौरीचौरा' कांड हो गया, जिसमें जनता की उत्तेजित भीड़ ने थाना जला दिया था।

'गाँधीजी बड़े दुखी हुए और उन्होंने सत्याग्रह और असहयोग की उस व्यापक लड़ाई को बिलकुल स्थगित कर दिया। स्वयंसेवकों के जुलूस, सरकार-विरोधी सभाएँ, दमन-कानूनों के खिलाफ संघर्ष...सब बंद!

'आंदोलन एकदम ठप हो गया।

'जन-संग्राम के प्रति महात्माजी का यह खिलवाड़ देश के लिए बहुत बड़ी दुर्घटना थी। गाँधीजी के खास साथी जेल के अंदर बंद थे। यह समाचार पाकर क्रोध और दुख के मारे वे पागल हो उठे।

'कोई भी समूचा आंदोलन जब एक व्यक्ति के मातहत होता है तो इसी तरह के नतीजे बाहर आते हैं।

'चरखा, व्रत-उपवास, आत्म-शुद्धि, ग्रामोद्योग...गीता, कुरान और बाइबल...सत्याग्रह, असहयोग, बहिष्कार...जेल जाना, बाहर आना,

आश्रम-जीवन, सत्य और अहिंसा के नए-नए प्रयोग, सेठों और ज़मींदारों का हृदय-परिवर्तन...साम्राज्यशाही, छोटे-बड़े लाटों की नेकनीयती के प्रति आस्था, किसानों और मज़दूरों के वर्ग-संगठनों की ओर संदेह की दृष्टि...इस प्रकार के बहुतेरे चमत्कारों का केंद्र था महात्माजी का जीवन। उनकी सबसे बड़ी खूबी क्या थी, पता है?'

निषेध की मुद्रा में जैकिसुन का माथा हिला।

बाबा बोले :

'आज़ादी के लिए जो समझदारी पहले थोड़े-से पढ़े-लिखे लोगों तक सीमित थी उसे गाँधीजी आम पब्लिक तक ले आए। यही उनकी सबसे बड़ी खूबी मैं मानता हूँ।

'दस वर्ष बाद '30 में फिर कांग्रेस ने मोर्चाबंदी की। जन-विरोधी कानूनों से ऊबे हुए लाख-लाख लोग फिर मैदान में निकल आए। फिर गाँधीजी ने कहा कि अहिंसा में बट्टा न लगे तो मुझे हार भी कबूल होगी।

'इस बार महात्माजी अपने आश्रमवासी चेलों के साथ नमक-कानून तोड़ने निकले।

'लेकिन कानून तोड़ने का यह आंदोलन थोड़े ही अरसे में ज़ोर पकड़ गया।

'गैर-कानूनी नमक बनाना, शराब-अफीम और विलायती कपड़ों की दुकानों पर पिकेटिंग करना, तकली और चरखे पर सूत कातना, ढेर का ढेर सूत कतवाना, छुआछूत खतम करना, विदेशी कपड़े जलाना, स्कूल-कॉलेज का बहिष्कार, सरकारी नौकरियों से इस्तीफा...यही प्रोग्राम था। गाँधीजी ने कहा था—"ऐसा करने पर हम देखेंगे कि स्वराज्य हमारे दरवाजे खड़ा है।"

'पहले तो सरकार ने भी खेल किया और गाँधीजी को गिरफ्तार नहीं किया। पुराने तज़रबों के आधार पर नौकरशाही समझ बैठी थी कि महात्मा की गिरफ्तारी से लोगों में नाहक उत्तेजना फैलती है। लेकिन इस दफा जनता ने नेता की धर-पकड़ से पहले ही जौहर दिखाने

शुरू किए। अहिंसा के पैगंबर ने जन-आंदोलन की जो सीमाएँ बाँध रखी थीं उनका टूटना आरंभ हो गया। बड़े-बड़े प्रदर्शन होने लगे। चटगाँव के शस्त्रागार पर छापा मारा गया। उत्तर प्रदेश में ज़ोरों से लगानबंदी शुरू हुई। पेशावर में गढ़वाली सिपाहियों ने निहत्थी भीड़ पर गोली चलाने से इनकार करके कानून को अपने हाथों में ले लिया।

'और, गाँधीजी की गिरफ्तारी के बाद तो हड़तालों की मानो बाढ़ आ गई। शोलापुर के एक लाख चालीस हजार बाशिंदों ने शहर पर कब्जा कर लिया। उनमें पचास हज़ार सूती मज़दूर थे। लोगों पर कांग्रेसी नेताओं का नियंत्रण नहीं टिक सका, जनता अपनी हकूमत कायम करना चाहती थी।

'साम्राज्यशाही दमन की कोई सीमा नहीं थी। ऑर्डिनेन्स-पर-ऑर्डिनेन्स निकल रहा था। कांग्रेस और उसके संबंधित संगठन गैर-कानूनी करार दिए गए। दस महीने के अंदर नब्बे हज़ार मरदों, औरतों और बच्चों को कैद की सजा दी गई। जेलें ठसाठस भर चुकी थीं। बेंतों, हंटरों, लाठियों और गोलियों का सिलसिला चला लेकिन जनता की हिम्मत नहीं टूटी। ख़बरों पर सख़्त सेन्सर थी, अख़बार ज़्यादातर बंद कर दिए गए थे। जिनमें सरकार ने ताला जड़ दिया था, वैसे छापाखानों की भी कमी नहीं थी। आंदोलन का विस्तार फिर भी कम नहीं हुआ।

'अंग्रेज़ी हकूमत बेहद घबराई। लंकाशायर की कपड़ा-मिलों के विदेशी धन्नासेठों की नींद हराम हो गई। इस देश में कारोबार करनेवाले गोरे सौदागर तो करारी दहशत खा गए थे। उन्होंने भारतीय जनता को अनुकूल रखने के लिए अपनी गोरी सरकार से अनुरोध करना आरंभ किया कि हिंद को औपनिवेशिक दरजा तो अवश्य दे दिया जाय।

'आंदोलन विशुद्ध अहिंसात्मक ढंगों पर नहीं चल रहा था। इससे गाँधीजी को जेल के अंदर भी बड़ा दुख था। वह शांति और सहयोग के अवसरों की प्रतीक्षा उत्कंठापूर्वक कर रहे थे।

'सावन का महीना था। धान की रोपाई खतम हो चुकी थी। मडुआ और मकई की फसलें तैयार थीं। सामने खेतों की हरियाली,

ऊपर आकाश और नीचे धरती। किसान मस्त थे।

'नमक-कानून तोड़ने का यज्ञ ज़िले में कहीं-न-कहीं आए-दिन होता ही रहता था। दयानाथ ने सावन की पूर्णिमा के दिन यहीं मेरी छाँह में नमक बनाना शुरू किया। दारोगा को खबर दी जा चुकी थी। पाँच-सात चौकीदार, दो दफादार, पाँच कान्स्टेबल और दारोगा मौके पर हाजिर थे...

'बूढ़े, बच्चे और जवान सैकड़ों की तादाद में तमाशा देखने आए थे। काफी दूर पर उधर अलग खड़ी औरतें भी 'गाँधी बाबा' का यह यज्ञ देखने आई थीं।

'गड्ढा खोदकर तीन चूल्हे बना लिए गए थे। उनमें आँच जलाई गई। तीन नई हँडियों में नोनी मिट्टी और पानी घोलकर उन्हें चूल्हों पर चढ़ा दिया दयानाथ ने। तेरा बाप आँच ठीक रखने की ड्यूटी पर था। दयानाथ के एक हाथ में तिरंगी झंडी थी, दूसरे से वह लोगों को समझा रहा था कि वे शांतिपूर्वक तमाशा देखें और हल्ला-गुल्ला न करें।

'हँडियों का पानी थोड़ी देर में खौलने लगा।

'काफी खौला तो हँडियाँ जानू राउत ने चूल्हों पर से उतार लीं।

'तब तक दया उधर पंद्रह-बीस स्कूली और गैर-स्कूली लड़कों को बटोरकर गा रहा था :

"विजयी विश्व तिरंगा प्यारा!
झंडा ऊँचा रहे हमारा!!..."

'ध्वजा की जगह एक बेढंगी लट्ठ खड़ी थी जिसके सिरे पर मामूली-सा मझोला तिरंगा फहरा रहा था। गीत की एक कड़ी दयानाथ गाता, बाकी लड़के उस पद को ज़ोर से दुहराते। गाँववाले गहरी दिलचस्पी से देख-सुन रहे थे।

'मेरे लिए भी वह सब एक नया अनुभव था बेटा! दम साधकर मैं देख-सुन रहा था।

'कुछ देर बाद हँडिया का पानी नीचे गिरा दिया दया ने। तले में जमी नमकीन मिट्टी को दोनों में निकाल लिया गया।

'फिर नकली नमक का वह दोना उठाकर दया ने लोगों से कहा : "भाइयो, इसे आप मामूली मिट्टी मत समझें। यह तो स्वाधीनता दिलानेवाली दवा है। इसके ज़र्रे-ज़र्रे से अंग्रेज़-सरकार खौफ़ खाती है। इस नमक की एक चुटकी एक ओर और जालिमों का सौ मन बारूद दूसरी ओर—वह इसकी बराबरी नहीं कर सकता। यह नमक नहीं है, महात्माजी की प्रसादी है...लीजिए, दो आने में एक दोना मिलेगा...यह खाने का नमक नहीं है, तावीज में डालने का नमक है!"

'इतना कहना था कि दयानाथ को दारोगा ने रुकने का इशारा किया।

'दो कान्स्टेबलों के साथ दारोगा आगे बढ़ आया और दयानाथ के हाथों में एक कान्स्टेबल ने हथकड़ी डाल दी।

'दयानाथ ने नारा लगाया :

' "महात्मा गाँधी की जय!"

' "महात्मा गाँधी की जय!"—लोगों ने दुहराया।

'दयानाथ अब की उत्साहित होकर और ज़ोर से चिल्लाया :

' "भारत माता की जय!"

' "भारत माता की जय!!"—लोगों ने दुहराया...आवाज़ कई गुनी ऊँची थी इस बार।

'तीसरी बार दया हथकड़ी में फँसी कलाइयों-समेत दोनों बाँहें ऊपर उठाकर समूची ताकत से चिल्लाया :

' "अंग्रेज़ी राज..."

' "...नाश हो!"

'इस दफा तो लोगों ने नारे में इतनी ताकत लगा दी कि आकाश गनगना उठा। कान्स्टेबल और दारोगा का कलेजा काँप गया।

'दारोगा ने अब दोनों हाथ जोड़कर लोगों से कहा—"अपने पेट के कारण मैं मजबूर हूँ। अपना देश किसे प्यारा नहीं होता? सरकारी ऑर्डर के मुताबिक ही मैंने इन्हें अरेस्ट किया है, इसमें मेरा अपना कोई कसूर नहीं।"

'दारोगा की इस दीनता पर बूढ़े और अधेड़ चकराए, जवान मुस्कुराए और जिनकी मसें भीग रही थीं वे खिलखिला पड़े।

'इस दारोगा का नाम था भीम झा। तगड़ी डीलडौल और रोबदार चेहरा। मूँछें उसकी ऐसी थीं कि देखनेवालों के सिर में दर्द उठा करता, जब कभी वे याद आ जातीं। वह घूस तो नहीं लेता था मगर जोर-ज़बर्दस्ती काफी रकम ऐंठ लेता था रियाया से। आपसी बातचीत में लोग उसे 'डकैतों का सरदार' कहा करते। ज़रा-ज़रा-सी गुनाह के नाम पर मुजरिम की बड़ी पिटाई करता था। बड़ी-बड़ी हैसियतवाले किसान और काश्तकार खुश रखने के लिए उसके यहाँ सौगात भेजते रहते थे—दही, मछली, आम और कटहल, मालभोग और चम्पा केलों की घौद, तुलसीफूल-लछमनभोग-जैसे बढ़िया चावल वगैरह...मामले की तहकीकात में भीम झा जब-तब अपने इलाके की बस्तियों का चक्कर लगाया करता। ज़ीन-कसे घोड़े पर टोपधारी सवार को देखकर लोग चौकन्ने हो जाते कि दारोगा आ रहा है; कुछ चौकीदार और दो-एक कान्स्टेबल पहले आ चुके होते। चोरी के मामले में जिन पर शुबहा रहता, उन असामियों की भीम झा कोड़ों से बुरी तरह खबर लेता, फिर कोई और बात करता... ज़मीन के झगड़ों में दोनों पक्षवालों को थाना बुलवाता, डरा-धमकाकर कुछ रकम वसूल कर लेता और कच्चा समझौता उन पर थोप देता। दहशत, अकड़, मक्कारी, ज़ोर-ज़बर्दस्ती और प्रपंच का अवतार समझा जाता भीम झा दारोगा। हमेशा कड़ककर बोलता, तनी भौंहें और कड़ी मूँछें उसकी आँखों में आतंक का लाल सुरमा भरती होतीं।

'और वही भीम झा आज मजबूरी में दाँत दिखा रहा था! अपने बेकसूर होने की कैफियत दे रहा था!

'जैनरायन का बुड्ढा बाप रामनरायन फुसफुसाया..."यह महतमाजी का जादू है।"

' "हाँ, सरकार के इस पट्ठा हाथी पर अबकी देवता का आँकुस पड़ा है चाचा!"...किसी ने बूढ़े का समर्थन किया।

'तेरा बाप जानू राउत इतने में दारोगा के सामने आया और छाती

तानकर खड़ा हो गया। बोला..."दारोगाजी, मुझे भी गिलफदार कर लीजिए, मैं भी जेल जाऊँगा..."

'इतना कहकर जानू मुस्कुराया और दोनों हाथ उस कान्स्टेबल के आगे फैला दिए, जिसके तीन-चार हथकड़ियाँ लटक रही थीं। कान्स्टेबल ने भोली निगाहों से दारोगाजी की ओर देखा। अलग खड़े दो चौकीदारों ने आपस में कुछ कानाफूसी की और दारोगा के करीब आकर बोले... "हजूर, नमक तो दरअसल इसी ने तैयार किया है। इसको छोड़ना ठीक नहीं होगा..."

'भीम झा ने मुँह से तो हामी नहीं भरी लेकिन भारी-सा अपना माथा ज़रूर हिला दिया।

'जानू के हाथों में हथकड़ी डाल दी गई।

'फिर पहले की तरह नारे लगे, और जोश में आकर लोगों ने उन्हें दुहराया।

'जानू की इस दिलेरी से मैं बहुत खुश हुआ। किसी के हाथों में हथकड़ी डाली जाय, भला इसमें खुश होने की क्या बात थी?'

बाबा ने प्रश्नसूचक ध्वनि को अपनी अद्भुत भंगिमा से बेहद गंभीर बना दिया तो जैकिसुन आवश्यकता से अधिक साकांक्ष हो उठा और उनकी ओर गौर से देखने लगा। गर्दन लंबी करके बाबा ने फिर कहा :

'बबुआ, यह कोई चोरी-छिनारी की गिरफ्तारी तो थी नहीं, यह स्वाधीनता-संग्राम की गौरवमय परंपरा का एक सामान्य प्रदर्शन था। गिरफ्तार होना, जेल के अंदर कैद काटना, लाठियों की चोट बर्दाश्त करना, पुलिस और मिलिटरी की फौजी बूटों से कुचला जाना...इन बातों से ज़रा भी नहीं घबराते थे लोग। सत्याग्रह और पिकेटिंग त्यौहार बन गए थे। पुलिस एक को गिरफ्तार करती तो उस एक की जगह दस आदमी आ डटते, दस गिरफ्तार कर लिए जाते तो उन दस की जगहों पर सौ जवान खड़े हो लेते। घरवाले सत्याग्रह या पिकेटिंग के लिए जाते हुए अपने आदमी को माला पहनाकर और टीका लगाकर विदा करते

मानो वह शादी करने जा रहा हो। गज़ब का जोश था बेटा, वह उत्साह का अपूर्व वातावरण था रे!

'जानू की गिरफ्तारी के बाद यहाँ उस दिन का सारा प्रोग्राम खतम हो गया। दोनों सत्याग्रहियों को लेकर पुलिसवाले थाने की ओर चल दिए और भीम झा घोड़े पर सवार होकर राजाबहादुर देवीदत्त की डेवढ़ी की तरफ बढ़ा।

'लोग अपने-अपने घर गए।

'दो रोज़ बाद कार से पुलिस-सुपरिंटेंडेंट आया, लॉरी में लदकर एक दर्जन मिलिटरीवाले आए। रात का वक्त था। चार-चार बैटरियोंवाली टार्चों के तेज प्रकाश से समूचा गाँव रह-रहकर जगमगा उठता था।

'वीरभद्र बमपार्टी का आदमी था न! उसी को वे गिरफ्तार करने आए थे।

'यह वीरभद्र पिछले सोलह महीनों से गाँव में नज़रबंद था...बंगाल सरकार के हुक्म से। सत्याग्रह और पिकेटिंग से उसका कोई सबध नहीं था। वह खुलेआम सत्य व अहिंसा का उपहास करता था और महात्मा को महाधूर्त एवं पूँजीपतियों का दलाल बतलाता था। रूस के किसानों, मज़दूरों और सैनिकों ने क्रांति का जो रास्ता अपनाया था, वीरभद्र उसी रास्ते को भारतीय जनता की मुक्ति का एकमात्र मार्ग मानता था। बात-बात में उसके मुँह से मार्क्स और लेनिन के नाम निकल आते...

'पुलिस-सुपरिंटेंडेंट अंग्रेज़ था। वीरभद्र के चेहरे को टार्च की रोशनी में पहले उसने एक फोटो से मिलाया फिर गिरफ्तार करके उसे चार फौजियों के हवाले किया। खुद चार फौजियों को लेकर मकान के अंदर गया तलाशी लेने। तब तक दारोगा भीम झा भी अपने चार-छः जवानों के साथ वहाँ पहुँच चुका था।

'घर की औरतें घूँघट निकालकर एक तरफ हो गईं। सयाने सहमे-सहमे-से दूसरी तरफ खड़े थे। भय, आश्चर्य और कौतूहल में डूबे बच्चे बीच आँगन में इकट्ठे हो गए थे। छोटे बच्चे दहशत के मारे अपनी-अपनी माँ की गोद में इकट्ठे हो गए थे। टार्च की तेज़ रोशनी में संगीनें

रह-रहकर चमक उठती थीं। सिवाय बूटों की टापों के और कोई आवाज़ नहीं थी। वह ऐसा सन्नाटा था बेटा, जिसमें साँस तक गिनी जा सकती हैं।

'छड़ियाँ, लाठियाँ, कुदालें, खुरपे, हँसिया, कुल्हाड़े, साग-भाजी काटने की हँसिया, वसूला, रुखान, खंती...यानी खेती-गिरस्ती का एक भी औज़ार नहीं छोड़ा गया। सभी औज़ार बीच आँगन में जमा कर लिए मिलिटरीवालों ने।

'गोरा पुलिस ऑफिसर गरज उठा—"माइ गॉड, इटने हठियार!"

'गाँवभर के लोग तब तक जमा हो चुके थे। टुनाइ पाठक और जैनरायन झा ने हाथ जोड़कर साहब से कहा..."दोहाई माय-बाप की! ये हथियार नहीं हैं सरकार, ये तो खेती-गिरस्ती के अपने औज़ार हैं। हजूर-लोग काँटा-चम्मच से खाना खाते हैं, ब्रुश से दाँत साफ करते हैं, फाउंटेनपेन से लिखते हैं। हम गृहस्थों के लिए उसी तरह ये औज़ार ज़रूरी हैं। हज़ूर, ये हथियार नहीं हैं, घर-गिरस्ती के कामों की चीज़ें हैं..."

'इसके बाद दच्छिन की तरफ चेहरा करके पाठक और जैनरायन बोले..."जाने गंगामैया, हजूर, हमारी बस्ती में एक भी हथियार नहीं है सरकार!"

'छड़ियों, लाठियों और कुल्हाड़े को बूट से ठुकराकर साहब गुर्राया... "डैम फूल, हम सब जानटा है! यह किया है? अमको डोखा (धोखा) नेईं दो..."

'तब साहब ने मिलिटरी के एक जवान से पूछा तो उसने कहा... "यह कुल्हाड़ा है सर, इससे लकड़ी काटी जाती है और गाय-बैल-भैंस हाँकने के लिए लाठी या छड़ी की ज़रूरत पड़ती है हजूर!"

'बूट पटककर गोरा कड़का—"बुक-बुक (बक-बक) कर्टा है! शट-अप!"

'तलाशी में कोई खतरनाक चीज नहीं मिली। वीरभद्र को मिलिटरी ट्रक में बैठा दिया गया। संगीनधारी फौजी जवान उसे बीच में करके

बैठे थे। सुपरिंटेंडेंट की मोटर और फौजी ट्रक स्टार्ट हुई, गाँव से बाहर निकली और उत्तर की ओर सड़क पर सर-सर खड़-खड़ करती हुई चली गई....

'गाँववालों ने चैन की साँस ली।

'सब जानते थे कि वीरभद्र को अवश्य पकड़ ले जाएँगे। सरकार सौ सत्याग्रहियों से उतना नहीं घबराती थी जितना बमपाटी के एक अदना आदमी से। अब तक वीरभद्र को जो लोग आवारा और पागल समझते थे, उन्होंने इस घटना के बाद अपनी राय बदल दी। अब वह मामूली बीरू नहीं था, वीर बाँके भगतसिंह का साथी था।

'पीछे सुना गया कि वीरभद्र को हजारीबाग-सेंट्रल जेल के एक सेल में रखा गया। दयानाथ और जानू कुछ दिनों तक लहेरियासराय जेल में रखे गए, बाद को उन्हें पटना-कैम्प जेल पहुँचा दिया गया। सत्याग्रह और पिकेटिंग का ज़ोर बढ़ा तो बिहार की एक-एक जेल ठसमठस भर गई। लाचार होकर अधिकारियों को पटना के नजदीक फुलबाड़ी-शरीफ से उत्तर एक भारी-सा हाता घेरकर 'कैम्प जेल' बनाना पड़ा था।

'सविनय आज्ञा-भंग वाला वह देशव्यापी आंदोलन भी बीच में ही रोक लिया गया; गाँधीजी का बड़े लाट इर्विन से समझौता हुआ था। तब तू वर्ष-भर का था बेटा!

'अंग्रेज़ सरकार ने कांग्रेस से यह सुलह इसीलिए की थी कि उसे सँभलने का मौका मिले। गाँधीजी तो खुलेआम कहने लगे–"कांग्रेस ने कभी नहीं कहा था कि वह जीतकर ही रहेगी।"

'कांग्रेस के बाहर, नौजवानों की तरफ से और मज़दूर-संगठन की तरफ से समझौते की तीखी नुक्ताचीनी हुई। नई पीढ़ी के नेताओं में से सुभाष बोस-जैसे लोगों ने गाँधी-इर्विन-पैक्ट पर काफी झुँझलाहट ज़ाहिर की।

'समझौते का फल क्या हुआ?'

जैकिसुन की निगाहों में फिर सवाल तैरने लगे। अब वह बाबा

के इस प्रवचन की समाप्ति चाहता था।

ज़रा रुककर बाबा बोले :

'1931 में अंग्रेज़ों ने गोलमेज़-कान्फ्रेन्स का नाटक रचा। इस देश के पचासों प्रतिनिधि उसमें शामिल हुए...गाँधी, जिन्ना, अम्बेडकर और दूसरे बड़े-बड़े आदमी, सेठों के नुमाइंदे, रियासतों के नुमाइंदे, ज़मींदारों के एवजी, दीगर जमातों और जातियों के मुखिया...वह कान्फ्रेन्स क्या थी, शिवजी की बारात पूरी थी! जितने मुँह, उतने बोल! विलायती राजनीतिज्ञों के मनोरंजन के लिए वह एक अच्छा अखाड़ा रहा।... समझौते का फल यही हुआ कि कुछ नहीं हुआ। गाँधीजी सद्भावनाओं के गुब्बारे लटकाए हुए विलायत से वापस आए, खाली हाथ!

'इधर दमन की शत-प्रतिशत तैयारी कर रखी थी सरकार ने, वह कांग्रेस पर बिलकुल टूट पड़ी। साल-भर के अंदर फिर एक लाख बीस हजार आदमी जेलों के अंदर ठूँस दिए गए। कांग्रेस कमेटियों के दफ्तरों में ताले लटकने लगे।

'बड़े-बड़े नेता आराम से जेल पहुँचा दिए गए थे। सरकार को उनकी सुविधा-असुविधा का काफी ख़याल रहता था।

'अंत में सत्याग्रह बंद करके गाँधीजी ने अपनी असफलता कबूल कर ली। एक वक्तव्य में महात्मा ने कहा : "सत्याग्रह का संदेश जनता तक पहुँचते-पहुँचते अपवित्र हो गया है। हम जब आध्यात्मिक अस्त्रों का उपयोग आध्यात्मिक तरीकों से नहीं करते तो उनका कुंठित हो जाना अनिवार्य हो जाता है। हमारा यह सत्याग्रह अपूर्ण रहा, यही कारण है कि इससे शासकों का हृदय द्रवित नहीं हुआ...भविष्य में केवल एक व्यक्ति को सत्याग्रह करना चाहिए और वह व्यक्ति ऐसा हो जो कि सत्याग्रह करने के योग्य हो..."

'जानू और दया तो चार ही महीने जेल के अंदर रहे, वीरभद्र लेकिन सात साल बाद बाहर आया...सो भी तब जबकि चुनाव के बाद कांग्रेस की मिनिस्ट्री कायम हुई और क्रांतिकारी राजबंदियों ने अपने छुटकारे के लिए अनशन आरंभ कर दिया था।'

बाबा बटेश्वरनाथ थोड़ी देर चुप रहे।

फिर जैकिसुन की पीठ पर हाथ फेरते हुए कहा :

'घबराने की ज़रूरत नहीं है। अंत में जीत तो तुम्हारी ही होगी। आज न सही, कल। कल न सही, परसों। मगर एक बात फिर कह दूँ... मुझे रंच-मात्र झिझक नहीं होगी यदि मेरे यहाँ न रहने से रुपउली की जनता को यह ज़मीन कोई लाभ पहुँचा सके।'

1942 वाला जन-आंदोलन जैकिसुन के लिए 'आँखों-देखा तमाशा' था। इसी से उसने चाहा कि अब बाबा अपना प्रवचन समाप्त करें। मौजूदा संघर्ष के लिए अपनी ओर से बाबा ने जैकिसुन को पूरी छूट दे ही दी थी।

कुछ क्षण बाद वह वृद्ध व्यक्ति बरगद की ओर जाकर उसकी घनी शाखाओं में अदृश्य हो गया।

10

“उठ, कितना सोता है!”

जैकिसुन ने पास में सोए हुए दो साथियों की पीठें बारी-बारी से थपथपाईं।

जवाब कुछ नहीं।

अब उसने एक को झकझोरा...“जीवनाथ! जीवनाथ!! ओ जी ऽ ऽ वना ऽ ऽ ऽ थ!”

जीवनाथ ने करवट बदल ली और फिर नाक बजाने लगा। अब के खीझ-भरी आवाज़ में जैकिसुन ने कहा...“यहाँ दिमाग फटता है और नवाबों की नींद ही नहीं टूट रही!”

उसने आकाश की ओर देखा।

चंद्रमा पश्चिम की ओर काफी नीचे उतर आया था, अंजोरिया स्थिर और समान रूप में घुल रही थी। उस पूर्ण और मधुर प्रकाश के कारण तारों पर ध्यान ही नहीं जाता था। प्रभाती समीर की तर सिहरन का अंदाज़ पाकर जैकिसुन ने ताज़गी महसूस की और पूरब की ओर मुँह कर लिया।

उषा की स्वर्णिम आभा अभी अलक्षित थी। हाँ, चुहचुहिया ज़रूर बोल पड़ी किसी तरफ से...‘चुह चुह चुह चुह चुच्चू ऽ ऽ ह चू ऽ ऽ ह! चुह!!’

यह नन्ही-सी चिड़िया रात्रि-शेष में ही आवाज़ लगाती है। शुक्र

तारा का उदय और चुहचुहिया की ध्वनि—दोनों ही निकट आ रही उषा की सूचना देते हैं।

जैकिसुन रात-भर जगा था, लेकिन रत्ती-भर कड़वाहट आँखों में नहीं थी। चित्त खूब प्रसन्न था। अब वह जीवनाथ और सरजुग से बातें करना चाहता था...

बाबा बटेश्वरनाथ ने आज उस पर कृपा की थी—पिछले युगों की बहुत सारी बातें बाबा ने जैकिसुन को बतलाई थीं और मौजूदा संघर्ष के बारे में अपना दृष्टिकोण साफ-साफ ज़ाहिर किया था। यह कोई मामूली घटना नहीं थी, जिसको वह यों ही पी जाता। दरअसल वह बेचैन हो रहा था, सारी बातें अपने इन दोनों साथियों से बता देने के लिए।

जैकिसुन उठकर कुछ फासले पर गया और पेशाब कर आया। फिर समूचे बदन का बोझ डालकर वह जीवनाथ पर झुक गया।

'ऊँह! हूँह! ओंह! उंइ...' जीवनाथ ने नाक की अनुनासिक ध्वनियों के सहारे उस दबाव का प्रतिवाद-सा किया।

"उठता है कि नहीं?"

"अभी तो काफी रात पड़ी है।"

"नहीं रे, हो तो गई सुबह..."

"हुँह।"

जैकिसुन ने एक बार और उसी तरह दबाव डाला तो जीवनाथ उठ बैठा। नाटा कद, साँवली सूरत और गोल चेहरा...

"क्या बात है?"—आँखें मलते हुए जीवनाथ ने पूछा—"तुझे नींद क्यों नहीं आती है रे?"

फिर वह उठ खड़ा हुआ, अँगड़ाइयाँ लीं और झटके से देह को सीधा किया। आसमान की तरफ निगाहें फेरता हुआ लघुशंका के लिए चला।

जैकिसुन गुनगुनाकर गाने लगा :

"उठ जाग मुसाफिर भोर भई
अब रैन कहाँ जो सोवत है

जो जागत है सो पावत है
जो सोवत है सो खोवत है
उठ जा ऽ ऽ ऽ ग...”

“सचमुच अब रात नहीं है?”—जीवनाथ ने लघुशंका से वापस आते हुए कहा। इतने में उसे धरती की धमक महसूस हुई तो बोला—“चार बजेवाली पसिंजर निर्मली की तरफ से आ रही है। तेरी भैंसों को तो ले गया होगा चरबहवा, खोलकर अब चराने; है न?”

“हूँ।”

सरजुग की नाक अब भी बदस्तूर बज रही थी। वही तीनों में सबसे ज्यादा लंबा और तगड़ी डील-डौल का जवान था। चित लेटा पड़ा था। आधी बाँहों की बनियान पहन रखी थी, कमर मटमैली धोती से लिपटी थी।

जीवनाथ सरजुग के नज़दीक बैठता हुआ बोला—“इसे भी उठा देता हूँ।”

“उहूँ, छोड़ दो...”

जैकिसुन के इस निषेध पर जीवनाथ को थोड़ा-सा विस्मय हुआ अवश्य, परंतु उसने कुछ कहा नहीं। जैकिसुन की गतिविधि में आज उसे कुछ विलक्षणता अनुभव हो रही थी। समझ नहीं पा रहा था : रात-ही-रात में ऐसी क्या बात हुई कि जैकिसुन की नींद उचट गई! क्या पता, यह रात-भर आज जगा ही रह गया हो! लेकिन कहाँ, जीवनाथ ने तो उसे सोते पाया था : वह तो जाने कब से सो रहा था। जीवनाथ और सरजुग काफी देर के बाद यहाँ आए थे...

जीवनाथ गुमसुम इसी प्रकार कुछ सोच रहा था।

क्षण-भर बाद उसने अपनी हॉफ कमीज की पाकिट से बीड़ी और माचिस निकाली। सलाई की तीली रगड़कर बीड़ी को सुलगाने लगा, होंठों से बिना लगाए ही—मानो आतिशबाजी का प्रयोग कर रहा हो वह!

सलाई की तीली समूची जल गई तो बीड़ी का सिरा दहकता नज़र आया। जीवनाथ ने उसे सीधे होंठों में न लेकर मुट्ठी के माध्यम से ज़ोरों

की दो कश खींचीं और ढेर-सा धुआँ मुँह से निकाल दिया।

दो-एक कश उसी तरह और खींचकर उसने कहा–"आज तुम्हें नींद नहीं आई?"

जैकिसुन ने जवाब नहीं दिया।

"जो होना होगा, हो लेगा"–जीवनाथ आहिस्ते से बोला–"आखिर, कब तुम्हारी नींद उचट गई जैकिसुन?"

जैकिसुन का मुँह खुला। उसने कहा–"भई, कह नहीं सकता, कब मेरी आँखें खुलीं और कब क्या हुआ..."

जीवनाथ की आँखों में विस्मय फैलता जा रहा था।

जैकिसुन ने संक्षेप में बाबा और उनकी बातें बता दीं।

11

आषाढ़ में उस वर्ष खूब वर्षा हुई थी। नदियों में व्यर्थ की बाढ़ नहीं आई थी। बीच-बीच में आसमान खुल भी जाता और बीच-बीच में बादल बरस भी जाते...

सभी खेती के अपने-अपने कामों में मशगूल थे।

बाबा बटेश्वरनाथ के शरीर पर कुल्हाड़े चलने-चलवाने की जो किंवदंती फैली हुई थी लोगों में, वह अपने-आप दब गई।

टुनाइ और जैनरायन की तरफ से इस प्रकार की अफवाहें यदा-कदा उड़ा दी जाती थीं। इसमें उद्‌देश्य उनका यही रहता कि आम लोगों की मानसिक प्रतिक्रिया का आभास मिलता रहे।

मगर बाबू जीवनाथ की अपने साथियों को कड़ी हिदायत थी—बायं-बायं मत करते फिरो, सबकी बातें गौर से सुन लो; बस!

सावन में टुनाइ का पोता साँप के काटने से मर गया—लोगों ने कहना शुरू किया : विधाता से नहीं देखा गया, आखिर बेईमान को उन्होंने चेतावनी दे ही डाली!

इस वज्रपात का पाठक-परिवार पर गहरा असर पड़ा। अगले तीन-चार महीने टुनाइ शायद ही मुस्कुराया हो। जैनरायन घंटों बैठकर जब-तब उसे समझाया करता। पाठक के नाम उसने 'कल्याण' चालू करवा दिया आखिर।

जैकिसुन लेकिन हमेशा चौकस रहता था—क्या पता, पाठक और

जैनरायन के आदमी किसी दिन कुल्हाड़े लेकर बाबा बटेश्वर पर टूट ही पड़ें! उनका क्या ठिकाना? पुरानी पोखर की कछार तो खैर बरसात के मौसम में पानी के अंदर होने से आबाद नहीं की जा सकती मगर बरगदवाली ज़मीन पर तो हल चल सकता है...

परंतु उसकी यह आशंका निर्मूल सिद्ध हुई।

आश्विन की पूर्णिमा आ पहुँची। धानों की मंजरियों के सूक्ष्म-सुरभित फूल अपना मंद-मधुर परिमल शरद-समीर को लुटाने लगे, अब उनसे दूधिया दाने निकल आए। नुकीले दानोंवाली बालियों का वह विचित्र वैभव हेमंत की अगवानी में अभी से झूम उठा।

रुपउली और आसपास की बीसियों बस्तियों का ज़मींदार बाबू कृष्णदत्तसिंह राजाबहादुर देवीदत्त का इकलौता उत्तराधिकारी था। डेवढ़ी आरामपुर रुपउली से आधा कोस उत्तर पड़ता था। नए ज़मींदार ने पुरानी कोठियों से अलग एक फ्लैट बनवा ली थी। बिजली पैदा करनेवाली मशीन बैठा रखी थी।

कार्तिक की अँधेरी रातों ने इस बार राजाबहादुर कृष्णदत्तसिंह पर मुसीबत का पहाड़ गिरा दिया—पिस्तौलों, बंदूकों और टार्चों से लैस डाकुओं का एक भारी दल एक रात उसकी डेवढ़ी पर चढ़ आया...दो घंटे तक लूटपाट मचाता रहा, जाते-जाते चार लाशें, सात घायल और अपनी दो बंदूकें छोड़ता गया, और लेता गया पौने दो लाख का माल—नकद, गहने, जवाहरात...

पास-पड़ोस के दस कोस के इलाकों में हल्ला पड़ गया—बाप रे! ऐसी डकैती तो कभी नहीं कहीं पड़ी थी!

जिले-भर के पुलिस-ऑफिसर और बड़े हाकिम राजाबहादुर की डेवढ़ी के हाते में इकट्ठे हुए...चार घंटे तक उनकी कानाफूसी चलती रही और फिर वे दरभंगा लौट गए।

राजमाता पर इस घटना का घातक प्रभाव पड़ा, दिल की धड़कन बंद हो जाने से वह हफ्ते के अंदर ही चल बसी। उसके बाद राजाबहादुर कृष्णदत्तसिंह सपरिवार चले गए देवघर। बूढ़े दीवान टुनटुना मल्लिक

के तो अफसोस के मारे दाढ़ी और बाल बढ़ आए।

पीछे इस सिलसिले में परसादीपुर और सतगामा के चार जवान पकड़े गए। उनका सरगना बजरंगीसिंह पुलिसवालों के हाथ नहीं आया, नेपाल के ऊपरी इलाकों की तरफ भाग गया। बजरंगीसिंह पेशेवर डाकू तो नहीं था लेकिन सन् 1925 और 1935 के दरम्यान क्रांतिकारियों ने जिन पट्ठों को राजनीतिक डकैतियों के लिए दीक्षित किया, जाने कैसे, बजरंगीसिंह उनके संपर्क में आ चुका था। और, अब जब वह फरार हो गया तो लोगों ने समझ लिया कि इस डकैती में उसका हाथ अवश्य रहा होगा।

पाठक, जैनरायन और दारोगा चाहते थे कि इस कांड में जीवनाथ और जैकिसुन वगैरह को फँसा दें...

परंतु उनका यह मनोरथ सफल नहीं हो पाया।

सफल इसलिए नहीं हो पाया उनका मनोरथ कि ज़िला-कोर्ट के सरकारी वकील बाबू रामचंद्रसिंह एडवोकेट और सोशलिस्ट एम.एल.ए. बाबू लोचन ठाकुर ने पुलिस-सुपरिंटेंडेंट और कलक्टर को स्पष्ट शब्दों में आगाह कर दिया था। पीछे दारोगा पर ज़िला-अधिकारियों की करारी डाँट पड़ी थी—ऐसी साहसिक दुर्घटना का छोर तुम रुपउली के उस गँवई मामले से छुआते हो! खबरदार!

सरकारी वकील पतौर के रहनेवाले थे और जीवनाथ का ननिहाल उसी गाँव में था। ननियाउर का वही रिश्ता इस वक्त काम आ गया। लोचन ठाकुर दयानाथ के जेल के साथी रहे थे, वह परिचय भी सहायक सिद्ध हुआ, वरना बेचारे नाहक ही डकैती के मामले में फँसा लिए जाते।

12

टुनाइ पाठक का लड़का मुजफ्फरपुर में इन्कमटैक्स का ऑफिसर था। नाम था नीलांबर पाठक। हाईकोर्ट के जज की भतीजी से उसका ब्याह हुआ। जज का वह खानदान जालिम ज़मींदारों का खानदान था और अपनी काली करतूतों के लिए ज़िले-भर में बदनाम था। उनके यहाँ कई मशहूर वकील थे, ज़िला और प्रांत के शहरों में कई एक ऊँचे ऑफिसर भी थे उनमें से। इसी से हकूमत की मशीनरी हमेशा उनके अनुकूल रहती।

यह रिश्तेदारी टुनाइ पाठक के लिए विधाता का वरदान थी। वह कई कुकर्म करके भी कानूनी तौर पर 'जज साहब का समधी' बना बैठा था। छोटे अफसरों का सम्मानपात्र और बड़े अफसरों का कृपापात्र था।

नीलांबर दीवाली की तातील में घर आया और बाप को बरगदवाली ज़मीन दखल कर लेने की तरकीब बताता गया।

जैनरायन को अपने बेटा की राय दरकार नहीं थी इस काम के लिए, वह खुद ही शहरू चालाक था।

चार कान्स्टेबल और पड़ोस के गाँवों के चार चौकीदार साथ लेकर थानेदार आ धमका अगले ही रोज़। लेकिन वह मौके पर नहीं गया, गया वह टुनाइ पाठक के घर पर।

दारोगा साहब आए हैं, इस खुशी में पाठक ने बकरा कटवाया। खूब अच्छी तरह उनको खिलाया-पिलाया। देर तक हा-हा, ही-ही होती

रही और बैटरीवाले रेडियो पर लता मंगेशकर का सुरीला कंठ रह-रहकर लहराता रहा। और अंत में, बाबू टुनाइ पाठक ने अपने इस रेहुआ-थाने के जनाब थानेदारसाहब के सामने गाँव के 'बदमाशों' की पूरी लिस्ट पेश की जिनसे उनकी जान और माल-असबाब को खतरा था।

थानेदार ठाकुर रामफलसिंह अधेड़ उम्र के भारी-भरकम, डील-डौलवाले एक मुच्छड़ आदमी थे। चौड़ा कपार, लम्बोतरा चेहरा, छोटी-छोटी बादामी आँखें। खास बात यह थी कि तोंद ने बुरी तरह विद्रोह कर दिया था। पौने दो लाख की आबादीवाला यह थाना रेहुआ बिना चीं-चपड़ के उनका अंकुश मानता था, लेकिन अपनी ही तोंद ठाकुर साहब का अनुशासन नहीं मानती थी।

खाना-पीना हो चुका था। कान्स्टेबल लोग भी जीम चुके थे। चौकीदार बैलों की बथान के करीब बैठकर चावल का भूँजा फाँक रहे थे; गोश्त-मछली तो दूर, मामूली भात-दाल तक के लिए वहाँ किसी ने उनसे नहीं पूछा। हाँ, चावल के तीन-एक पाव दाने मिले थे भुने हुए; डोल-भर पानी रखा था आगे और कुछ दूर पर कुआँ था।

आरामकुर्सी पर इत्मीनान से टाँगें फैलाकर थानेदार सिगरेट पी रहा था। बदन पर कॉलरवाली बनियान थी, कमर में हाफ पैंट थी। फैली-फैली-सी वह खाक़ी हॉफ पैंट बैठने के उस आसन के लिए फिट बिलकुल नहीं थी। वह बेशऊर, बातें मगर इस वक्त 'यूनाइटेड नेशन्स' (राष्ट्र-संघ) की कर रहा था। इतने में पाठक की दस-साला पोती वहाँ आ गई और अपने बाबा से सटकर खड़ी हुई। लड़की का ध्यान अनायास दारोगा के बैठने की उस निर्लज्ज मुद्रा की तरफ चला गया। पाठक खुद एक मामूली कुर्सी पर बैठा था। बच्ची से उसने कान में कुछ कहा। अगले ही क्षण वह अंदर चली गई।

'बदमाशों' में ग्यारह आदमी थे। थानेदार ने एक-एक के बारे में बिस्तार से जानकारी हासिल की। चलते समय सबके नाम वह नोट कर चुका तो बोला—"टुनाइ बाबू, घबराइएगा नहीं! सबका माथा हम ठीक कर देंगे..."

"हजूर!"—पुलकित स्वरों में पाठक ने कहा।

"हाँ, सरकार गुंडागीरी बर्दास नहीं करेगी..."

"जी हजूर! सरकार का ही तो भरोसा है।"

"लिलंबर बाबू को सब बात लिख दीजिएगा न?"

"ज़रूर लिख देंगे हजूर..."

दारोगाजी ने गाँव के बाहर घोड़ा खड़ा किया।

रजबाँध की ओर से दो खेतिहर आ रहे थे। कान्स्टेबलों ने उन्हें इशारे से रोक लिया।

चाबुकवाले हाथ को उठाकर थानेदार ने दूर के उस बरगद की ओर संकेत किया और पूछा—"वह बरगद किसकी ज़मीन में पड़ता है? ठीक-ठीक बताना, देख!"

उनमें से जिसकी उम्र ज्यादा थी, वह बोला—"सरकार, किसका नाम बताऊँ? वह ज़मीन तो मैं हमेशा परती ही देखता आ रहा हूँ। वहाँ आस-पास गाँव-भर की गायें घास चरती हैं। गाँव के लोग उस पेड़ के नज़दीक उठते-बैठते हैं। गरमजरुआ (गैर-आबाद) ज़मीन है वह तो... उस ज़मीन पर सबका हक है, हजूर।"

"जी, सरकार!"—कम उम्रवाले ने ताईद की।

आगे चलकर दारोगा ने दो-एक आदमी से और भी पूछा। जवाब भी कुछ-कुछ वैसा ही मिला।

तीन-चार दिन बाद दो पुलिसवाले आए। उन्होंने टुनाइ पाठक के दालान में अपना डेरा जमाया। गाँववालों को मालूम हुआ कि पाठक की हिफाजत के लिए सरकार की ओर से यह इंतज़ाम किया गया है। दोनों सिपाही अब टुनाइ पाठक के जान-माल की निगरानी करेंगे।

खास मेहमान थे वे पाठक के। दाल-भात, दो किस्म की तरकारियाँ, घी, दही, अचार और हफ्ते में तीन-चार बार मछली और खीर...बड़े ठाठ से दोनों जून वे भोग पाते थे और तानकर सोते थे; ताश खेलते और रेडियो सुनते थे। बंदूकें उनकी दीवार से टिकी खड़ी रहतीं। रात के वक्त उन्हें पाठक अंदर रखवा देता।

थानेदार और नीलांबर का विचार था जीवनाथ को फोड़ लेने का। इसके लिए दो बीघा बढ़िया ज़मीन दीवान टुनटुना मल्लिक से वे उसको दिलवाने की सोच रहे थे। पिछले किसान-आंदोलन में तीन किसान लीडर थोड़ी-थोड़ी ज़मीनों के बदले हमेशा के लिए बैठा दिए गए थे। घाघ लोग इस बार भी उसी दृष्टि से समस्या को देखते थे। उनकी धारणा थी कि जीवनाथ गरीब है, ज़मीन का प्रलोभन कारगर रहेगा...

दो चतुर वृद्ध जीवनाथ की टोह लेने के लिए नियुक्त किए गए। उन्होंने जीवनाथ की माँ को बार-बार खोदा। उस स्त्री ने हमेशा यही जवाब दिया कि जीबू के कामों में वह किसी तरह का दखल नहीं देगी; हाँ, कोई बुरा काम करने लगेगा तो ज़रूर समझाएगी-बुझाएगी...बाकी, बेटा बेटा है और माँ माँ है। जीवनाथ की माँ को इस बात का गर्व था कि उसका बेटा सैकड़ों आदमियों का विश्वासपात्र है; कि पाँच पंच इकट्ठे हों और जीवनाथ वहाँ न पहुँचे तो वह पंचायत अधूरी घोषित की जाती है; कि गाँव का गरीब-से-गरीब आदमी जीबू को अपना समझता है...

दरजा आठ तक अंग्रेज़ी पढ़कर जीवनाथ ने स्कूल छोड़ दिया था—छोड़ क्या दिया, छूट गया था! पिता का देहांत हुआ एक ओर, दूसरी ओर सन् बयालीस का अगस्त आ धमका। चौदह वर्ष की आयु थी। थाना दखल करने के लिए जो जुलूस आगे बढ़ा था, जीवनाथ उसमें बहुत पीछे नहीं था। रेहुआ थाने का दारोगा डर के मारे गाँधी टोपी पहनकर काँपते शब्दों में किस प्रकार 'भारत माता की जय', 'महात्मा गाँधी की जय' और 'हिंदुस्तान आज़ाद' के नारे लगा रहा था—जीवनाथ को अच्छी तरह याद था। सकरी और मनीगाछी स्टेशनों के दरम्यान रेलवे-लाइन उखाड़नेवालों में वह भी तो था। फिर गाँव के अंदर टॉमी आए तो औरतों को घरों में छोड़कर लोग मकई के खेतों में जा छिपे थे लेकिन जीवनाथ नहीं गया था छिपने कहीं। एक गोरा उसके नज़दीक आया और बोला—"कहो, अंग्रेज़ हमारा राजा है!" जीवनाथ ने चुप्पी साध ली तो टॉमी ने उसे घूँसा मारकर गिरा दिया

था...उसके बाद अंग्रेज़ों की भाषा अंग्रेज़ी से जीवनाथ को घोर विरक्ति हो गई और स्कूल छूट गया।

15 अगस्त, '47 के दिन जीवनाथ ने अपने घर के सामने लंबे बाँस की ध्वजा गाड़ी थी और तिरंगा झंडा फहराया था। लोगों में दो सेर बताशे बाँटे थे। परसादीपुर के किन्हीं बाबू के यहाँ से हारमोनियम और तबला-डुग्गी माँगकर ले आया था और दिन-भर आज़ादी का त्यौहार मनाया था। रात को दीप जलाए थे, सेर-भर तीसी का तेल खर्च किया था।

फिर इलाके में कपड़ा-संकट, किरासन-संकट और चीनी-संकट आए तो बस्ती रुपउली का यह बहादुर उनसे जूझता रहा। थाना-कांग्रेस-कमेटी के मंत्री ने कई बार समझाया : अपने घर की ओर भी तो ध्यान दीजिए जीबू बाबू! वह फकीरी किस काम की जो अपनों की सुध ले ही नहीं...मगर जीवनाथ टस-से-मस नहीं हुआ।

जीवनाथ की इस रुखाई और साफगोई से मंत्रीजी और परमिट की लाइसेन्सवाले मारवाड़ी सौदागर का हाज़मा खतरे में था। मंत्री की कृपा से टुनाइ पाठक का भतीजा रघुवीर रुपउली का हेटमैन बना दिया गया। थाना और जिला के कांग्रेसियों का स्वार्थी रुख देखकर जीबू का दिल उनकी ओर से फटने लगा। अब केवल नेहरू और विनोबा उसके लिए लीडर रह गए थे। जयप्रकाश नारायण पर भी उसकी कुछ श्रद्धा थी। कम्युनिस्टों के नाम पर वह जोशी और डांगे को थोड़ा-थोड़ा जानता था। कभी कोई पूछ देता तो जीवनाथ अपने को ईमानदार नेशनलिस्ट बताता। नेहरू और जयप्रकाश में उसे कोई भेद मालूम नहीं देता।

और, इसीलिए पिछले चुनाव में जीवनाथ ने एक वोट कांग्रेस को दिया और दूसरा (पार्लियामेंटवाला) सोशलिस्ट पार्टी को। वोट के बारे में अपनी यह राय उसने साथियों से भी बता दी थी। खुल्लमखुल्ला सोशलिस्टों को वोट देना चाहिए—जैकिसुन की राय तो यही थी लेकिन जीवनाथ उससे सहमत नहीं था।

क्यों नहीं सहमत था?

सहमत इसलिए नहीं था कि अब भी जीवनाथ को कांग्रेस से कुछ उम्मीदें थीं। वह नाहक कांग्रेस को दुश्मन बना लेने के पक्ष में नहीं था। अधिकारियों या नेताओं को यह कहने का मौका वह नहीं देना चाहता था कि रुपउली के किसान कांग्रेस-विरोधी हैं। उसने जैकिसुन को समझा-बुझाकर मना लिया।

आजकल बरगदवाली ज़मीन पर समूचे गाँव की नज़र लगी हुई थी। पुरानी पोखर भी लोगों की चर्चा का विषय थी। नब्बे प्रतिशत आदमी ऐसे थे जिनका इन झगड़ों से संबंध था। टुनाइ और जैनरायन का कहना था कि वे तो बेकार पड़ी हुई ज़मीनों को आबाद करना चाहते हैं, इसमें भला किसका क्या बिगड़ता है! ज़मींदार तो अपनी ज़मीन छोड़ेगा नहीं; वे नहीं लेते, कोई और ले लेता; रुपउलीवाले 'ना' करते तो पड़ोस के किसी गाँव का कोई लिखवा लेता। क्या बुरा है, गाँव की ज़मीन गाँववालों के पास रही...जीवनाथ चाहें, वही रख लें; करें वही इस ज़मीन को आबाद...न वह पोखर ही किसी काम की रही और न बरगद का वह पेड़ ही किसी काम का रहा! यह नाहक टंटा खड़ा करते हैं अब जीबू। कोई कुछ नहीं बोलता है फिर वही क्यों बीच में टाँग अड़ाते हैं? क्या मन्शा है बाबू जीवनाथ की, कुछ मालूम भी तो हो!

गाँव के नौजवान इन भली-भली बातों का मतलब खूब समझते थे। 'सत्तर चूहे खाकर बिल्ली चली हज को' सो उनसे छिपा नहीं था। पाठक की माँ वर्ष में एक बार भागवत का पारायण करवाती थीं, नौ दिनों तक। जैनरायन के घर प्रति मास, संक्रांति के दिन, सत्यनारायण की पूजा होती थी। परंतु इससे क्या! ज़मीन की उनकी भूख का न ओर था, न छोर...परमार्थ और स्वार्थ साथ-साथ चलते रहे इन परिवारों में।

छोटी जात के गरीब लोग जीवनाथ के प्रति आदर और श्रद्धा के भाव रखते थे अवश्य, परंतु टुनाइ पाठक का उन पर भारी आतंक था। इसके अलावा, अकाल के दिनों में पाठक उन्हें अनाज देता था—भले

ही पीछे ड्योढ़ा वसूल कर लेता लेकिन तत्काल तो उनके बच्चों की प्राण-रक्षा इससे हो जाती थी। पाठक और जैनरायन के आदमी उन्हें अक्सर समझाते रहते थे : ज़मीन अगर किसी ने बेच दी और किसी ने खरीद ली तो इसमें भला कौन-सा आसमान फट पड़ा! परती ज़मीन जोत में आएगी तो अनाज की बढ़ती होगी और इससे अपना गाँव सुखी होगा...उस बौने बरगद के पीछे भला क्यों कोई सती होगा? और, उस रद्दी पोखर के लिए किन आँखों से भला आँसू आएँगे? हाँ, जीवनाथ का अपना कोई स्वार्थ इससे सधे तो सधे!

एक गूँगा और बौड़म चमार था। पहला पति मर जाने के बाद रुपउली में यह दूसरी शादी की थी उसकी माँ ने। नई गृहस्थी में उस चमारिन के कई एक लड़के हुए जो अब सयाने हो रहे थे। नए पिता को पुराने पिता के पुत्र से कोई दिलचस्पी नहीं थी। शत्रुओं को फँसाने की नीयत से पाठक ने डेढ़ सौ रुपए पर उससे गूँगे की जान का सौदा किया और दो ही रोज बाद बेचारा बाँसों की झुरमुट में बेजान पाया गया। गर्दन और माथे पर गँडासे के घाव थे; चेहरा लहूलुहान था।

खबर पाते ही थानेदार साहब पहुँचे, बंदूकों से लैस पुलिस के दस जवान उनके साथ थे।

लाश टाँग-टूँगकर दरभंगा की ओर रवाना की गई। हत्या के अभियोग में पाँच आदमी गिरफ्तार हुए...

1. जीवनाथ राय,
2. सरजुग महतो,
3. जैकिसुन यादव,
4. लछमनसिंह, और
5. सुतरी झा।

हथकड़ियाँ डालकर पाँचों को लहेरियासराय-जेल की हाजत में पहुँचा दिया गया।

कोर्ट में मुक़दमा दायर हुआ, सरकार स्वयं मुद्दई हुई और जीवनाथ वगैरह पाँचों जने मुद्दालह बनाए गए।

13

दयानाथ जहाज (स्टीमर) से गंगा पार करके दीघाघाट उतरा और वहाँ से रिक्शा किया, सीधे आर ब्लॉक पहुँचा। 8 नंबर के क्वार्टर में उग्रमोहनदास का डेरा था।

बाबू उग्रमोहनदास रेहुआ-थाना की जनता के प्रतिनिधि थे, एम्.एल्.ए.। पाँच उम्मीदवारों को हराकर आप ही चुने गए थे कांग्रेस की टिकट पर। की तो थी आपने वकालत पास, लेकिन मास्टरी का पेशा ही आपको प्रिय था। '30-'32 के आंदोलन में नमक बनाकर जेल गए थे, '42 के दिनों में छः महीने फरार रहे और बाद को पकड़े गए तो दो साल की सजा हुई थी। पीछे दासजी ने साहित्य-सेवा आरंभ की। कई एक आलोचनात्मक ग्रंथ लिखे, जो छपे तो अवश्य परंतु प्रकाशक की गोदामों और स्थानीय बुक्सेलरों के शो-केशों तक सीमित रह गए। कुछ महीनों तक दासबाबू साप्ताहिक 'प्रभात' निकालते रहे, जिसके कुछ पृष्ठ हिंदी में होते और कुछ मैथिली में। सम्पादकी से जी भर गया तो आठ महीने जाकर पांडिचेरी रह आए। महर्षि अरविंद की वह छत्रछाया उग्रमोहन बाबू को बड़ी शीतल और शांत प्रतीत हुई थी। आप वहाँ से यही निश्चय करके लौटे कि आगे राजनीतिक हलचलों में शामिल नहीं होंगे। सुखी काश्तकार-खानदान में जन्म था और भाइयों में सबसे छोटे थे—इसी कारण दासबाबू पर दुनियादारी का बोझा कभी नहीं पड़ा। स्त्री भी ऐसी मिली जो ज़मींदार बाप की इकलौती थी...

क्या राजनीति, क्या साहित्य-निर्माण, क्या अध्यात्म और क्या वेदांत, क्या सभा-सोसाइटी और क्या लोक-सेवा—सबकुछ आपके लिए विशुद्ध मनोरंजन था। पिछले इलेक्शन में प्रादेशिक कांग्रेस कमेटी के एक ग्रुप ने आपको अपना उम्मीदवार घोषित किया और दूसरे ग्रुप ने हलकी-सी मुखालफ़त की तो उग्रमोहन बाबू सीधे दिल्ली-दरबार पहुँचे और मुस्कुराते हुए वापस आए। डिप्टी मिनिस्टर होने का चान्स था, मखौल तो कोई था नहीं। वोटिंग से चार-छः रोज पहले वह रुपउली भी आए थे; द्वार-द्वार पर हाथ जोड़कर लोगों से 'भोट-भिक्षा' माँगी थी।

और दयानाथराय तो उग्रमोहन बाबू को बीस वर्षों से जानता था—तभी से जब कि पटना-कैम्प जेल में एक ही इलाके के होने के नाते दोनों में परिचय हुआ था। चुनाव के ज़माने में तो कई बार देखादेखी हुई थी।

जीवनाथ और जैकिसुन ने बेदखली के इस झगड़े की खबर कई बार अखबारों में दी थी। कई अखबारों ने उस समाचार को छापा भी था। इसके अलावा, जिला-प्रदेश और केंद्र की कांग्रेस कमेटियों के प्रेसिडेंटों के नाम सारी बातें तफ़सील से लिख भेजी थीं रजिस्ट्री-पोस्ट द्वारा। भारतीय प्रजातंत्र के प्रेसिडेंट बाबू राजेंद्रप्रसादजी और महामंत्री पंडित जवाहरलाल नेहरू के नाम भी दरखास्तें की थीं। और कहीं से कोई जवाब नहीं आया था—हाँ, राष्ट्रपति भवन, नई दिल्ली से पहुँच की मंजूरी के तौर पर एक पत्र आया था। हिंदी में टाइप किया हुआ पत्र, निहायत खूबसूरत काग़ज़ पर। उस पत्र में था इतना ही कि राष्ट्रपति के सचिव के कार्यालय में आपका पत्र पहुँच गया है...

उग्रमोहन बाबू को इन बातों की जानकारी थी और अभी चंद रोज़ पहले 'इंडियन नेशन' से यह भी मालूम हुआ था कि रुपउली में कत्ल हुआ है, पाँच आदमी गिरफ्तार हुए हैं उसी सिलसिले में।

कत्ल की असलियत मालूम करके दासजी गंभीर हो गए। दयानाथ ने उनसे अनुरोध किया कि वह खुद रुपउली चलकर मामले की तहक़ीक़ात करें। बेदखली रुकवाने के लिए दयानाथ स्वयं मालमंत्रीजी

से आश्वासन पाना चाहता है, यह बात एम.एल.ए. साहब को ठीक नहीं जँची। प्रकट तौर पर वह बोले–"घबराने की कोई ज़रूरत नहीं, सार्वजनिक उपयोग की भूमि पर व्यक्तिगत अधिकार विधाता का भी नहीं हो सकता। मिनिस्टर इसमें क्या करेंगे? मैं कलक्टर को सब बातें समझा दूँगा...अभी आप आराम कीजिए दया बाबू, जाइए!"

नौकर ने बाहर बरामदे की ओर इशारा किया और दयानाथ वहाँ कम्बल बिछाकर लेट गए।

दिन ढल चुका था। चार बजनेवाले थे। गंगा के उस पार, हरिहर क्षेत्र में महामेला लग रहा था। वहाँ सामूहिक विकास-योजना के संबंध में कोई प्रदर्शनी थी, जिसका आज ही सात बजे शाम को उद्घाटन था। कुछ एम.एल.ए. अगिनबोट (स्टीम-लांच) से गंगा पार करके वहाँ पहुँचनेवाले थे।

ठीक पाँच बजे उग्रमोहन बाबू अपनी बैठक से निकले। दयानाथ की ओर एक नज़र फेंककर दूसरी नज़र उन्होंने उठी हुई बाईं कलाई पर टिका दी, फिर बाज़ारू मुस्कानों से उस किसान की वेधक दृष्टि को धकेलते हुए-से बोले–"मैं अब परसों लौटूँगा...आज भी एक स्पीच देनी है और कल सोनपुर में आभा साहित्य-परिषद् का कोई फंक्शन है और परसों हाजीपुर का किरण-मंडल कौमुदी-महोत्सव मनाएगा...ही-ही-ही-ही... आप रहिएगा तब तक! मैं परसों रात लौटूँगा, नहीं तो उससे अगली सुबह..."

दयानाथ पर जैसे ओले पड़ रहे हों, वह उठकर बिलकुल खड़ा हो गया। कम्बल समेटने का उपक्रम करता हुआ-सा बोला–"तो मैं भी चलूँ? मेला देखूँगा..."

नेताजी ने खीझ को दबाकर कहा–"नहीं जी नहीं। कहाँ जाएँगे आप? इतनी दूर से आए हैं, आराम कीजिएगा अब कि भटकिएगा मेले में जाकर!"

फिर उन्होंने नौकरों से कहा–"देखना रे, भाईजी रुपउली के रहनेवाले हैं...इन्हें कोई तकलीफ-उकलीफ न होने पाए!"

"जी मालिक!"—नौकर के मुँह से निकला।

चमकदार पेशावरी चप्पलों और नफीस ऊनी मोजों में कसे-लिपटे दासजी के चरणकमल सीढ़ियों से नीचे उतरे। उतरकर तीन-चार कदम आगे बढ़े, फिर रिक्शे पर विराजमान हो गए।

दयानाथ देर तक बरामदे में खड़ा रहा। जिस ओर रिक्शा गया था उसी ओर देखता रहा और फिर दीवार में पीठ टिकाकर बैठ गया। था तो वह सोचने की मुद्रा में लेकिन दिमाग़ की रग-रग ऐंठ गई थी, कुछ भी सोचने को जी नहीं कर रहा था। कुछ देर पहले प्यास महसूस हुई थी, अब उसका भी पता नहीं था कहीं...

मगर इस तरह वह कब तक बैठा रहेगा? नहीं। उसने अब अपने को सँभाल लिया—अंटी से चुनौटी निकाली दयानाथ ने, आधी बाँहोंवाली गोल-कट बनियान की पांकिट से तम्बाकू का पत्ता निकाला। नाखूनों से तम्बाकू खोंट-खोंटकर वह सुरती तैयार करने लगा। अब चिंतन की उसकी चरखी घूमने लगी, आस्ते-आस्ते :

पाठक और जैनरायन की अगर इसी तरह चली तो समूचा गाँव मसान बन जाएगा। ज़मींदार बाबू कृष्णदत्तसिंह और उसका दीवान मल्लिक अब भी अपनी ज़ालिमाना हरकतों से बाज़ नहीं आया तो आदमी आदमी को खाने लगेंगे। थानेदार और जिला के अधिकारी यों ही छूटकर यदि चरते रहे तो भारतमाता की इज़्ज़त-आबरू लुट जाएगी... किस उमंग से दयानाथ नागपुर गया था झंडा-सत्याग्रह में शामिल होने! किस उत्साह से उसने नमक-कानून तोड़ा था! उछलता हुआ कैसा दिल लेकर वह दोनों बार जेल के अंदर पहुँचा था!! हज़ारों और लाखों आदमी उसी की तरह जेल गए। सैकड़ों फाँसी पर झूले। हज़ारों के परिवार टूटे...तब आकर यह आज़ादी हासिल हुई है...

आज़ादी! फिः! आज़ादी मिली है हमारे उग्रमोहन बाबू को, कुलानंददास को...कांग्रेस की टिकट पर जो भी चुने गए हैं उन्हें मिली है आज़ादी। मिनिस्टरों को तो और ऊँचे दर्जे की आज़ादी मिली है। सेक्रेटेरियट के बड़े साहबों को भी आज़ादी का फायदा पहुँचा है।

'32 में जेल से छूटा, तब से दयानाथ की दिलचस्पी इन मामलों में कम हो गई। गाँधीजी ने सत्याग्रह-आंदोलन सार्वजनिक तौर पर वापस ले लिया, आगे आंदोलन को व्यक्तिगत दायरे में सीमित कर दिया उन्होंने। यह दयानाथ की समझ में बिलकुल नहीं आया। उसकी यह धारणा पक्की हो गई कि राजनीति गरीबों और मूर्खों के लिए नहीं हुआ करती, वह तो बस खाते-पीते सयानों की चौपड़ है।

'42 के तोड़-फोड़ और 9 अगस्त की उथल-पुथल के दिनों में दयानाथ बुरी तरह बीमार था लेकिन जीवनाथ की उछल-कूद उसे अच्छी ही लगी थी। 'चाचा की बिरासत अबकी भतीजे ने सँभाली'— इस बारे में गाँव के सभी लोग एकमत थे...चाचा को जीबू उन दिनों अखबार सुनाया करता, चारपाई के करीब बैठकर। अखबारों का छपना अंग्रेज़-सरकार ने नामुमकिन कर दिया तो जाने कहाँ से और कैसे लिखावटी छापे में 'रणभेरी' निकलने लगी। उसके दो-ही-तीन अंक जीवनाथ के हाथ लगे थे। लेकिन भतीजे ने उसमें भी चाचे से साझेदारी निभाई।

15 अगस्त '47 के बाद स्वदेशी शासकों के रंग-ढंग देखकर दयानाथ अंदर-ही-अंदर कुढ़ता रहा और जीवनाथ को जब-तब समझाता रहा। भतीजा बाकी सबकुछ सुन लेता था लेकिन नेहरू की आलोचना उसके लिए असह्य थी।

बेटे दो थे दयानाथ के। एक बी.ए., बी.टी, करके सुपौल (ज़िला सहरसा) के किसी हाईस्कूल में असिस्टेंट हेडमास्टर था और दूसरा खेती-गिरस्ती सँभाले हुए था। जीबू को भी 'औरसपुत्र' समझते थे दयानाथ राय।

बाबू दयानाथ सुरती फाँककर उठे, अंदर झाँककर नौकर से पूछा : "पाखाना किधर है?" फिर गठरी से अपना लोटा निकालकर उन्होंने पानी लिया और नौकर ने जिधर बताया था, उधर को हुए।

नेताजी का यह क्वार्टर एक तरह से खाली पड़ा था। नौकर था और स्वयं थे, बस। कुछ दिन पहले तक एक अंग्रेज़ी दैनिक न्यूज

एडीटर रहते थे। उसी बड़े रूम में अब कोई प्रोफेसर आकर रहेगा... अक्ल की बदहज़मी के कारण, या क्यों, नेपाली नौकर ने दयानाथ से यह सब बता दिया जब कि पाख़ाने से आकर हाथ मटिया रहे थे।

"मेरा खाना मत बनाओ!"

दयानाथ के इन शब्दों से नेपाली छोकरे को विस्मय हुआ। जिज्ञासा में गर्दन लंबी करके उसने मुँह बा दिया...

"मैं अभी जा रहा हूँ बाँकीपुर की तरफ"—दयानाथ ने सामान की गठरी सँभालते हुए कहा—"रात उधर ही गुज़रेगी और कल सुबह के जहाज़ से वापस जाना है। समझे?"

स्वीकृति में नेपाली का सिर हिला।

बेचारे की कुछ समझ में नहीं आया कि आख़िर वह चूल्हा सुलगाए कि नहीं। मालिक जब नहीं हैं और मेहमान भी जब जा रहा है तो सिर्फ अपने पेट के लिए क्यों वह नाहक हाथ काले करे?

छुट्टी का अहसास होते ही उसका पिरौंछ (पीताभ) चेहरा जगमगा उठा, खुशी के मारे बत्तीसों दाँत दर्शनीय हो गए।

दयानाथ ने अपनी गठरी उठाई और रुख हार्डिज पार्क की ओर किया।

वह किसान-सभा के लीडरों से बातें करने जा रहा था। उसे मालूम था कि लंगरटोली में कहीं उनका दफ़्तर है।

14

तीन वर्ष बाद, इस बार अगहनी फ़सल इतनी अच्छी आई थी। रजबाँध के पास का मैदान धान के वज़नदार शीशों का लहराता समुद्र हो रहा था। असनी और कतकी पकनेवाली थी। अधपकी बालियों की मीठी सरसराहट हेमंत की हलकी बयार को मादक खुशगवार प्रदान कर रही थी। उत्तरायन की ओर बढ़ते सूरज की स्वर्णिम किरणें उसमें रुपहला और चंदनकांत आलोक भरती थीं। शरद की शेष-प्रकृति धान की इन फसलों में गंध-गौरव डाल गई थी। फलित धानों का वह प्रिय दर्शन पारावार रुपउली के एक-एक व्यक्ति को पुलकित किए हुए था।

लेकिन पाँच-पाँच जवान जेल के अंदर बंद थे। देव-उठान (प्रबोधनी एकादशी) का त्यौहार बड़ा ही फीका गुज़रा। लोगों का दिल बैठ गया था, फिर वे भगवान् को शेषशय्या से किस प्रकार उठाते? गोबर से लिपे हुए आँगन ऐपन (आलपना) के भूखे थे परंतु पाँच परिवारों की स्त्रियों के हृदय में कोई आनंद या उल्लास नहीं था। उन्होंने सिर्फ रस्म अदा करने के लिए पूजा की जगहों पर मामूली-से ऐपन डाल दिए थे।

मर्द चुप नहीं बैठे थे। एक तरफ हाजतियों की जमानत के लिए दौड़-धूप जारी थी, दूसरी तरफ बेदखली के खिलाफ प्रतिरोध-आंदोलन संगठित हो रहा था।

ऊपर-ऊपर मामला ठंडा दीखता था। मगर अंदर-ही-अंदर दोनों ओर संघर्ष की तैयारियाँ चालू थीं।

टुनाइ पाठक अपने-आपमें आतंकित हो उठा था। 'सीधी कार्रवाई' की अपने लड़के की यह पॉलिसी उसे पसंद नहीं थी। लड़का तीन-चार महीने बाद दो-एक रोज़ के लिए रुपउली आ जाता था, मेहमान की तरह। मगर पाठक का रहना तो रात-दिन और बारहों महीनों इसी बस्ती में होता था...समूचे गाँव को दुश्मन बनाकर जीना असंभव नहीं तो कठिन अवश्य था। चमार की हत्या और उस हत्या के अभियोग में पाँच आदमियों की गिरफ्तारी और दयानाथ राय का एकाएक पटना जाना-आना और उसके बाद रात के वक्त छिपे तौर पर अक्सर मुहल्ला-मीटिंग और मुकदमे में अदालत की ओर से ढिलाई...भारी अंदेसा की बात थी यह सब पाठक के लिए। उसको नीलांबर पर खीझ उठती थी और अपने पर गुस्सा। गुस्सा इसलिए कि क्यों वह बरगदवाली ज़मीन के झंझट में पड़ा! दस-बारह वर्ष पहले की स्थिति तो अब रही नहीं जबकि ज़मींदार रातों-रात खेत बंदोबस्त दे देते थे और चुटकी बजाते-बजाते उन खेतों पर कब्जा भी अपना हो जाता था। जैनरायन की ही सूझ थी यह, उसी का दिल छछूँदर की तरह छुछुआता रहता है, वरना पाठक को क्या पड़ी थी कि इस ऊसर-बंजर ज़मीन का झगड़ा मोल लेता! नीलांबर की अक्ल पर पाठक को तरस आता...

सवा तीन-साढ़े तीन सौ रुपए वेतन पाते हो। घर में किसी वस्तु की घटी-कमती नहीं है। ससुराल की भी दौलत मिलनेवाली है...और किसी चीज़ की हबस हो तो ठेका-पट्टी लो, सवारी ढोनेवाली लारी का कंट्राक्ट लो, शहर में एक-आध अच्छा फ्लैट खड़ा कराकर उसे भाड़े पर लगा दो, देहात में खेती-बाड़ी ही पसंद हो तो ज़मींदारी-काश्तकारी खरीदकर कोई फारम खड़ा करो और ट्रैक्टर दौड़ाओ! सो नहीं करेंगे! करेंगे क्या कि चोर की तरह चुपचाप गैर-मजरूआ ज़मीन बंदोबस्त लेंगे और सारी दुनिया को अपना दुश्मन बना लेंगे! चौड़ी राह के बीचोबीच बरगद का पेड़ है, चालू रास्ता है। हमेशा से इस भूमि पर लोगों का समान अधिकार रहा है...अब तुम इसके चारों ओर काँटेदार तार डालोगे? बरगद का खात्मा करके वहाँ तुम कौन-सी फैक्टरी खड़ी करने

जा रहे हो बाबू? शहर में पढ़-लिखकर तुम सयाने हुए, अब शहर में रहकर ही सरकारी नौकरी कर रहे हो—चार दिन भी तो देहात में तुम्हारा जी नहीं लगता है बबुआ! फिर क्यों तुम गाँववालों की जिन्दगी में यह उपद्रव खड़ा करना चाहते हो? भले तो शहर में हो, जनानी डेरा भी साथ रहता है, बच्चों को भी साथ रखते हो! फिर यह क्यों लार टपकाते हो चार कट्ठा ज़मीन के लिए? बताओ बेटा! बताओ, ज़रूर बताओ... देखना, मुझसे छिपाना मत!...

पुरानी पोखर के कछार में एक दिन तड़के दो हल चलने लगे तो बस्ती-भर में सनसनी दौड़ गई। जैनरायन का छोटा भाई फन्नी भिंडे पर स्वयं मौजूद था। उसी की निगरानी में जुताई शुरू हुई थी...

यह पुरानी पोखर सालों से बेकार पड़ी थी। किसी युग में राजा की सास ने इस पोखर को खुदवाया था, सैकड़ों साल पहले। अब उथली-छिछली हो गई थी। बरसात के दिनों में पोरसा-भर से ज्यादा अथाह पानी इस पोखर में कभी नहीं देखा गया। अब ज़मींदार बाबू कृष्णदत्तसिंह के लिए भी किसी काम की नहीं रह गई थी। जिन पोखरों में पानी बारहों महीने टिकता है उन्हें मलाह आसानी से बंदोबस्त ले लेते हैं—मछलियाँ पालते हैं, मखान उपजाते हैं, सिंघाड़े पैदा करते हैं... मगर यह पुरानी पोखर अब उन कामों के लायक नहीं रह गई थी। घुटने-भर पानी और नीचे कीचड़-ही-कीचड़। पनियाही घासों का जंगल ऊपर-ऊपर फैला रहता और मलेरिया के मच्छर उसमें किलोल किया करते। मुँह-अँधेरे सुबह-सुबह या फिर शाम झुटपुट अँधेरे के बाद इस जलाशय में लोग आते आबदस्त लेने। शौचार्थी करपात्रियों की आबदस्त लेते समय की 'छप्प' 'छप्प' की अजीब आवाज़ नागरिक अतिथियों के लिए सर्वथा नई हुआ करती। जो हो, इस तलइया पर रुपउली के एक-एक आदमी का बराबर हक था। यह उनकी कल्पना के परे था कि कोई पुरानी पोखर को खरीद लेगा या बंदोबस्त ले लेगा और इसमें धान उपजाएगा या किसी दूसरे व्यक्तिगत काम में इसका उपयोग करेगा।

दयानाथ राय नई पोखर के मुहार पर बैठकर दतुअन कर रहे थे, इसके बाद उन्हें नहाना भी था। धोती ले आए थे, सो वह चुनियाई हुई अलग दूब पर रखी हुई थी।

दो-तीन लड़कों ने इतने में हल्ला किया :

"पुरानी पोखर में हल चल रहे हैं बा ऽ बा ऽ ऽ ऽ!"

बाबा ने हल्ला सुनते ही जल्दी से दतुअन चीरकर जीभ साफ की और कुल्लियों से मुँह साफ किया। अंगोछे से हाथ और चेहरा पोंछते-पोंछते खड़े हुए।

लोटा और धोती दयानाथ ने वहीं छोड़ दी और झटकारते हुए आगे बढ़े।

पुरानी पोखर गाँव के दच्छिन-पच्छिम दिशा में थी। नई पोखर पूरब-उत्तर की ओर! बीच में बाग थे, बस्ती थी। इमली, पीपल और पाकड़ के कई पेड़ थे। नहाने-धोने के लिए गाँववालों के पास अब यही नई पोखर शेष थी।

गाँव की पूरब तरफ से होते हुए दयानाथ निकल आए। रजबाँध पर पैर रखते ही पुरानी पोखर की कछार में हल-बैल दिखाई पड़े। जुताई चालू थी। दस-पंद्रह जने एक ओर और तीन-चार आदमी दूसरी ओर... हाथ उठा-उठाकर ज़ोर से वे बातें कर रहे थे।

रास्ता छोड़कर दयानाथ ने खेतों की मेंड़ पकड़ ली, रफ्तार उनकी और भी तेज हो गई।

पुरानी पोखर की भिंड भी अब ऊँची नहीं रह गई थी। वहाँ पहुँचते ही दयानाथ ने ज़ोर की आवाज़ दी—"ठहर जाओ!"

दयानाथ की आवाज सुनकर हल्ला-गुल्ला तो रुक गया लेकिन जुताई नहीं रुकी, हल-बैल और हलवाहे नहीं रुके।

क्षण-भर की चुप्पी के बाद दयानाथ ने फन्नी से कहा—"तुम्हारे भाई कहाँ हैं?"

फन्नी के हाथ में बेंत की मोटी छड़ी थी। छड़ी की नोंक से धरती पर 'फणींद्रनारायण झा' लिखते हुए उसने गंभीरता से जवाब दिया—

"कहिए न, क्या कहते हैं?"

"तुमसे क्या कहूँ! जैनरायन कहीं बाहर गए हैं?"

"हाँ, लहेरियासराय गए हैं। क्या चाहते हैं आप?"

दयानाथ को हँसी आ गई। वह मामूली हँसी नहीं थी, चुनौती को कबूल कर लेने की हँसी थी वह।

अब तक दयानाथ के पीछे पचास-एक आदमी इकट्ठे हो गए थे। फन्नी के पक्ष में वही चार-पाँच आदमी–दो उसके अपने ही भतीजे और दो बनिहार तथा एक नौकरानी।

दयानाथ ने दृढ़ स्वरों में फन्नी से कहा–"नाहक झगड़ा-फसाद बढ़ेगा, तुम अपने हल-बैल वापस ले जाओ फन्नी! काफी धन-सम्पदा भगवान् ने तुम लोगों को दी है, पोखर की कछार पर समूची बस्ती का अधिकार है..."

"उँहूँ"–बीच में ही फन्नी चिल्ला उठा–"सो, कहाँ होगा दयाभाई! इस वक्त आप दूसरी चाहे जो बात मुझसे मनवा लें, यह बात आपकी मैं नहीं मानूँगा।"

"नहीं मानोगे?"

"नहीं मानूँगा, नहीं मानूँगा और नहीं मानूँगा!!"

"अच्छा बाबू!..."

दयानाथ ने लोगों की तरफ गर्दन फेरी।

दाहिने हाथ से समाधान चाहनेवाला संकेत करते हुए उन्होंने भीड़ से पूछा–"तुम सबकी क्या राय है?"

"कछार में या भिंड पर हल नहीं चलेगा,"...लोगों ने एक स्वर से कहा।

दयानाथ ने फिर पूछा–"नहीं चलेगा?"

"नहीं, नहीं, नहीं!!!"...ज़ोरों की आवाज़ आई उसी भीड़ के अंदर से। दयानाथ ने देखा : सभी तरह के लोग हैं इनमें...पंडित शशिनाथ ठाकुर हैं, हाजी करीमबक्स हैं, मोसम्मात झुनिया है, अहीरों की बिरादरी के गोनउड़ महतो और सहदेव राउत हैं, भुट्टू पासवान है, विजयबहादुरसिंह

सिसोदया है, जहदली जोलहा है, सोनमा ढोलिया है, अचकमनि मोसम्मात है...खेतिहर हैं, बनिहार हैं, हलवाहे-चरवाहे हैं—कौन नहीं है?

दयानाथ अब हलों की ओर बढ़े। जुताई अब भी चल रही थी। कछार के अंदर आकर दयानाथ ने हलवाहों से कहा—"टुनमा! सुनता है? खोल हल...और यह दूसरा कौन है?...तू भी खोल!"

टुनमा खड़ा हो गया। बैल रुक गए। पिछला हल भी अचल।

फन्नी लपककर आगे आया और टुनाइ मड़ड़ की बाँह पकड़कर गरजा : "खबरदार! हल खोला कि चमड़ी उधेड़ ली जाएगी...देखता क्या है? हाँक बैल! हाँक!!"

लेकिन टुनमा सहमी आँखों से ताक रहा था फन्नी के चेहरे की ओर। बाक उसकी बंद थी, हाथों और पैरों में मानो लकवा मार गया था।

बैलों को खड़े होने का मौक़ा मिला तो पेशाब करने लगे।

सभी चुप थे।

फन्नी ने पिछले हलवाहे की बाँह पकड़ी और फिर पीठ पर हाथ से थपथपाया—"तू ही आगे बढ़, चल! आ!"

वह भी आगे नहीं बढ़ा।

फणींद्र के मुँह से खीझ के मारे निकला—"खच्चर कहीं के!"

टुनमा की भवें तन गईं। वह कड़ककर बोला—"मालिक, गाली मत दीजिए हमको! हाँ!"

"हूँ!!"—दूसरे हलवाहे ने अपने साथी का समर्थन किया, स्वर में दृढ़ता थी।

फन्नी का चेहरा फक रह गया।

इतने में दयानाथ आगे बढ़े। अपने हाथों से उन्होंने हल के डंडे को जुए से खोल दिया। फणींद्र ने उन्हें रोकने की कोशिश की थी सही मगर दो आदमियों ने उसे पकड़कर अलग कर दिया था। जुए-समेत बैलों के दोनों जोड़े खुलते ही गाँव की तरफ चले और हलवाहे अब भी अपने-अपने हल की मूठ पकड़े खड़े थे। कछार की नम ज़मीन में फारें

अब भी बीत-बीत-भर अंदर खुभी रह गई थीं। जुताई अभी आधी तो क्या चौथाई भी नहीं हुई थी...

लोगों के चेहरे खुशी के मारे दमक रहे थे और दयानाथ गंभीर मुद्रा में खड़ा था।

फणींद्र बकता हुआ, बुड़बुड़ाता हुआ घर की ओर अपना रुख कर चुका तो हलवाहों ने हलों को कंधे पर उठा लिया और कछार में से बाहर निकल गए।

दयानाथ ने लोगों से लौट चलने के लिए कहा, इशारों में। उन्होंने अपने लीडर की आज्ञा का पालन तत्काल किया।

दयानाथ राय लौटकर नई पोखर की ओर गए।

15

जैनरायन ने अगले ही रोज दो क़िता फौजदारी लहेरियासराय-लोअर-कोर्ट में दायर कर दी। एक थी मार-पीट की, दूसरी थी पराई भूमि पर दखल जमाने के प्रयास की। दयानाथ तो खैर दोनों में मुद्दालह बनाए गए थे; अलावा उनके, और चार आदमी पहले मुकदमे में और छः आदमी दूसरे में लपेटे गए थे।

कत्ल का मुकदमा पहले से पेश था ही।

गाँव में जितने भी समझदार आदमी थे, सबका ध्यान लहेरियासराय के अदालती कठघरों पर मँडरा रहा था।

दयानाथ लहेरियासराय पहुँचकर युवक वकील बाबू श्यामसुंदरसिंह से मिले। उनका डेरा बलिभद्दरपुर मुहल्ले में, एकडेमी स्कूल से सीधे पूरब पड़ता था।

श्यामसुंदर बाबू वकील तो थे ही, साथ ही जनवादी नौजवान संघ की जिला-कमेटी (दरभंगा) के प्रेसिडेंट भी थे। छात्र-जीवन में उन्होंने प्रादेशिक स्टूडेंट फेडरेशन के माध्यम से अपनी सार्वजनिक सेवा-भावना का पर्याप्त परिचय लोगों को दिया था। एक बार आप फेडरेशन के जनरल सेक्रेटरी (प्रादेशिक) भी निर्वाचित हुए थे और पौने दो साल तक शानदार तरीके के संगठन के मंत्रित्व की जिम्मेवारी निभाई थी। पिता का देहांत हुआ तो पिछले कई वर्ष वकील साहब के घरेलू झंझटों में ही सर्फ हो गए। अब गृहस्थी सँभल चुकी थी। एक भाई एम.ए.,

बी.एड. करके सीतामढ़ी कॉलेज में दर्शनशास्त्र का प्रोफेसर और सबसे छोटा दरभंगा मेडिकल कॉलेज का मेधावी छात्र था। वाक्शक्ति अच्छी होने के कारण उनका अपना पेशा भी काफी संतोषजनक था। पूर्वजों की उपार्जित सम्पत्ति के तौर पर सौ बीघा उपजाऊ ज़मीन थी, सो अलग। नई पीढ़ी के लीडरों में जो तीन-चार नाम लोगों की ज़बान पर अक्सर फिसल आते थे, उनमें से एक नाम श्यामसुंदर बाबू का भी होता था।

रुपउली में जो घटनाएँ इधर घटी थीं, उनका पता वकील साहब को था। अलावा इसके, दयानाथ पटने में नौजवान-संघ और किसान-सभा के नेताओं से मिला तो उनकी ओर से दरभंगा की जिला-ऑफिसों में रुपउली-कांड की बाबत हिदायतें आई थीं। श्यामसुंदरसिंह ने ध्यानपूर्वक दयानाथ की बातें सुनीं और बिना फीस के ही मुकदमों में पैरवी का आश्वासन दिया।

नौजवान-संघ की जिला-कमेटी के प्रेसिडेंट की हैसियत से श्यामसुंदर बाबू ने दयानाथ से कहा—"अपने गाँव में नौजवान-संघ की एक शाखा खोलिए और नौजवानों को संगठित होने का अवसर दीजिए..."

"जी!"

"जी-जी नहीं, अगले रविवार को नौजवान-संघ के मंत्री रुपउली पहुँचेंगे। वह आपसे इस बारे में बातें करेंगे, समझे?"

"सरकार!"

"हाज़त में जो लोग बंद हैं उन्हें ज़मानत पर छुड़वा क्यों नहीं लेते?"

इस सवाल को सुनकर दयानाथ ने मुँह बा दिया।

घर से निकलते वक्त उसे इसका ख़याल ज़रूर था और अभी नहीं तो विदा होते समय ज़मानत की बाबत वकील साहब से वह पूछता ही।

कुछ देर बाद दयानाथ ने कहा—"अब आज तो नहीं हुआ सरकार!"

"क्या नहीं हुआ?"

"सरकार, यहाँ कौन ज़ामिन होगा हम गाँववालों का? गाँव जाकर राय-बात करेंगे फिर कोई इन्तजाम होगा..."

कुछ देर बाद श्यामसुंदर बाबू ने कहा–"दो के लिए तो हम कल ज़मानत का इन्तजाम कर देंगे, बाकी आप गाँव से प्रबंध कर लीजिएगा..."

दयानाथ कृतज्ञता के मारे वकील साहब के पैर छूने को हुआ लेकिन रोक लिया गया–"आँ हाँ हाँ हाँ! क्या कर रहे हैं यह आप?"

गद्गद होकर दयानाथ ने कहा–"गाँव में हमारे यहाँ हल्ला था कि खून का मामला है, ज़मानत इसमें नहीं ली जाएगी..."

इस पर उँगलियों से नाक चिकनाते हुए श्यामसुंदर बाबू हँस पड़े और हँसते-हँसते बोले–"नीलांबर पाठक के आदमियों ने आप लोगों को भरमाने के लिए यह शिगूफा छोड़ रखा होगा।"

"जी, हजूर! यही बात होगी..."

वकील साहब ने हाथघड़ी देखी और उठ खड़े हुए। तीन-चार मुवक्किल अलग तख़्तपोश पर बैठे थे, उनसे कहा–"मैं भोजन करके आता हूँ।"

दयानाथ ने आगे बढ़कर कहा–"मैं तब तक किसान-सभा के दफ्तर से हो आता हूँ।"

"जाइए, जगह मालूम है न?"

"जी, लाइट हाउस सिनेमा से उत्तर, सड़क के किनारे।"

"हाँ, लाल झंडा लगा होगा और मकान खपरैल है।"

वकील साहब खड़ाऊँ खटखटाते अंदर गए और दयानाथ किसान-सभा के दफ्तर की तरफ हुआ।

वहाँ से एक तो उसे मेंबर बनाने की रसीद-बहियाँ लेनी थीं, दूसरे, किसान-सभा के किसी लीडर से कुछ राय लेनी थी।

पूछ-पाछकर वह दफ्तर पहुँचा तो वहाँ बिना मूँछोंवाले एक बाबू मिले। उन्होंने अपना नाम अली सफदर बताया। किसान-सभा की रसीद-बहियाँ तो 25-25 की दो मिल गईं मगर आदमी एक भी नहीं मिला। अली सफदर थककर कहीं बाहर से आए थे और जेलवाले

कम्बल पर लेट गए थे। दयानाथ कुछ बोलना-बतियाना चाहता था मगर सफ़दर ने कहा—"मैं बीड़ी-मज़दूरों की यूनियन का यहाँ सेक्रेटरी हूँ, किसान-सभा के बारे में कुछ नहीं बता सकूँगा। कामरेड श्री नारायण बारिस नगर गए हैं, दो रोज़ बाद लौटेंगे..."

साप्ताहिक 'जनशक्ति' के पिछले दो अंक दयानाथ वहाँ से खरीदता लाया। दुअन्नी लगी थी।

फिर उसने सोचा कि बारह बजे की ट्रेन से गाँव लौट चले और ज़मानत के लिए दो आदमियों को कल कचहरी ले आए...एक वह खुद होगा। बाक़ी दो के लिए श्यामसुंदर बाबू ने कहा है...

यह बात दयानाथ को जँच गई। फौरन अदालत पहुँचा। वहाँ वकील साहब से पूछकर सीधे स्टेशन की ओर भागा। खैर, गाड़ी मिल गई।

आज ट्रेन में दया को वीरभद्र की बड़ी याद आई। वह देर तक बीरू के बारे में सोचता रहा...वीरभद्र आजकल रानीगंज (बंगाल) के नज़दीक किसी गुजराती सेठ की कोयला-कम्पनी का मैनेजर बना बैठा था; चार सौ की तनखाह और रहने के लिए आलीशान बँगला—व्यक्तिगत सेवाओं के लिए आधे दर्जन नौकर...कलकत्ता, बंबई, मद्रास, दिल्ली, कानपुर, अहमदाबाद और पूना...कम्पनी के खर्च पर टूर करता फिरता है। पाँच-सात साल हो गए, गाँव नहीं आया। क्या ज़रूरत रह गई उसे इधर झाँकने को? '38 में जेल से छूटा वीरभद्र तो दस-बीस रोज़ ससुराल में रहकर कलकत्ता भागा था। विद्यार्थी था, तभी से एक धनी घराने की बंगाली विधवा बीरू पर फिदा थी। सो, इस बार हमारे बीरू भाई को बंगाल की उस जोगिन ने पूरी तरह भेंड़ा बना लिया। बंगालिन का छोटा भाई ढाका में मिल-मालिक था, उसी की मेहरबानी से बीरू भी अब एक मालदार कम्पनी का मालिक बन गया है...हाय! आज वह सही रास्ते पर होता तो रुपउली में इन कुत्तों की एक भी नहीं चलती। चलती? नहीं, बिलकुल नहीं चलती!!

ग़रीब चमार की जिस तरह हत्या करवाई पाठक और जैनरायन

ने, उसकी भारी प्रतिक्रिया हुई थी दयानाथ के मन पर। वह इन दुष्टों को किसी प्रकार भी क्षमा नहीं करना चाहता था...वह रात-दिन यही सोचा करता कि कैसे ये ग्राम-कंटक निर्मूल किए जाएँ!...और इसीलिए दयानाथ को सशस्त्र क्रांतिकारी वीरभद्र आज इतनी तीव्रता से याद आ गया। गाँधीजी की अहिंसा में तो ख़ैर तब भी दयानाथ को आस्था नहीं थी और अब तो बेचारी अहिंसा को खुद ही कांग्रेसवालों ने विनोबा के अनाथालय में भेज दिया है...तो क्या छिटपुट हत्याओंवाला सशस्त्र-क्रांति का वही रास्ता रुपउलीवालों के लिए मुक्ति-मार्ग होगा? नहीं, नहीं, यह भी नहीं! तो फिर क्यों दयानाथ के दिमाग़ में वीरभद्र की वे दीप्त स्मृतियाँ चक्कर काट रही हैं इस समय? किसानों और देहात के दूसरे ग़रीब वर्गों को शोषक शक्तियों के खिलाफ संगठित करनेवाला एक भी आदमी इन इलाकों में दयानाथ को दिखाई नहीं दे रहा था। वह सोचने लगा—'काश! वीरभद्र, तुमने आज कहीं इधर के देहातों की यह जिम्मेवारी उठाई होती! घर-घर तुम देवता की तरह पूजे जाते भाई! और तुम्हें क्या पड़ी थी कि गुजराती सेठ की चाकरी करने गए?'

फिर दयानाथ को ख़याल आया कि ग़रीब का संकटमोचन वही होगा जो खुद गरीब के घर पैदा हुआ रहेगा; और, गरीब के घर में पैदा होने से ही भला लीडर की देह में सुरखाब के कौन से पर लग जाते हैं? बहुत सारे आज के कांग्रेसी ग़रीब घराने के हैं, मगर बाबू लोगों का रंग-ढंग तो देखो ज़रा!...

तब दयानाथ का ध्यान गया संगठन के वर्गरूपों पर—कांग्रेस किन वर्गों का संगठन थी और क्यों नहीं वह हम किसानों की एक भी समस्या हल कर सकी? ज़मींदारों, सेठों और वकीलों-वालिस्टरों की यह जमात खुली तौर पर तब भी कहाँ खेतिहरों को अपने संगठन में घुसने देती थी? ग़रीब जनता चाहे गाँवों की रही हो, चाहे शहरों की—उसे कांग्रेस ने कभी अपने संगठन की रीढ़ नहीं बनाया...

पहले सोशलिस्ट पार्टी देहातों में किसानों का साथ देती थी, ज़मींदारों के खिलाफ देहातियों के बीसियों मोर्चे पार्टी की निगरानी में

जहाँ-तहाँ कायम हुए थे और कामयाबी भी हासिल हुई थी कई जगहों पर। लेकिन पिछले पाँच वर्षों से सोशलिस्टों का तेज घटता आया था। कसूर इसमें पाटी के साधारण कार्यकर्ताओं का नहीं बल्कि ऊपर की सोशलिस्ट नेताशाही का था। दयानाथ की राय में जयप्रकाश नारायण 'ढुलमुल यक़ीन' नेता थे।

मधुबनी सब-डिवीज़न के अंदर किसानों के बीच कम्युनिस्टों का भारी असर था। पूरा वक्त लगाकर काम करनेवाले कई दर्जन नौजवान थे। एक पैर उनका बाहर रहता था, दूसरा पैर जेल के अंदर। बेईमान अफसरों, तानाशाह थानेदारों तथा सबडिवीज़न के ऊँचे अधिकारियों की नींद हराम थी उनके मारे। उधर के ज़मींदार और सेठ-साहूकार खीझ के कारण लाल भाइयों को 'प्लेग के कीड़े' कहते थे...दयानाथ राय उन नौजवानों का नाम रखे हुए थे 'लाल बहादुर'।

ज़ोर का दचका खाकर समस्तीपुर-जैनगरवाली उस पैसेंजर गाड़ी के डब्बे खड़े हो गए तो दयानाथ ने सामने के मुसाफिर से पूछा—"तारसराय?"

"तारसराय तो पीछे छूट गया"—भभाकर हँसते हुए उस दढ़ियल मुसाफिर ने कहा—"सकरी है सकरी, कहाँ उतरना था आपको?"

सोच-विचार और गुन-धुन में ग़र्क था दयानाथ, अब समाधि टूटी तो चुपचाप गाड़ी से उतर गया।

स्टेशन से बाहर आकर गाँव की पगडंडी पकड़ी उसने।

16

ठीक तीसरे दिन पाँचों जवान हाज़त से बाहर आ गए।

इसी बीच जैनरायन को राह चलते वक्त सरे-आम दो तरुणों ने पीट दिया, सो उन पर एक क़िता मुक़दमा वह फिर दायर कर आया था।

एक ओर तिकड़म थी, पैसे थे, पराई सम्पत्ति हड़पने की लालसा थी—दूसरी ओर सार्वजनिक ईमानदारी थी, जन-बल था और अत्याचारियों के प्रति असहिष्णुता थी।

जीवनाथ और जैकिसुन आदि ने अच्छी तरह समझ लिया कि सिर्फ अदालत के भरोसे इन दुष्टों से छुटकारा नहीं मिलेगा गाँव को। जन-बल को अच्छी तरह संगठित कर लेना चाहिए। अपनी रुपउली के इस जन-आंदोलन को जन-संघर्ष की जिला और प्रदेश-व्यापी धारा से मिला देना होगा। जेल में बीड़ी-मज़दूरों और बेदख़ली के ख़िलाफ लड़नेवाले किसानों से उनकी मुलाक़ात हुई थी। पिछले वर्ष जब ऑनरेबल मिनिस्टर पं. श्री नमोनाथ मिश्रजी श्रीकृष्ण पुस्तकालय का उद्घाटन करने के लिए मधुबनी पधारे तो बाढ़-पीड़ित इलाकों के निवासियों ने हज़ारों की तादाद में आपके समक्ष प्रदर्शन किया था; उनकी माँग थी—कमला नदी में मधुबनी के आसपास कहीं 'स्लूश-गेट' का निर्माण हो और गाँव-गाँव में सस्ते राशन की व्यवस्था की जाय। पुलिस-अधिकारियों ने मंत्रीजी की हिफाजत के लिए उनमें से दस

आदमियों को गिरफ्तार कर लिया। पीछे 'शांति भंग करने और पब्लिक के बीच गड़बड़ी फैलाने' के अपराध में उनमें से छः प्रदर्शनकारियों को सब-डिवीज़नल कोर्ट ने चार-चार महीनों की सज़ा दे दी—बा-मशक्कत क़ैद की सज़ा। ऊँची अदालत में अपील की जाने पर सपरिश्रम कारावास यह दंड 'मामूली क़ैद की दो महीने की सज़ा' रह गया। संयोग ऐसा हुआ कि उनसे भी लहेरियासराय-जेल में जीवनाथ वगैरह की मुलाक़ातें होती रहीं : उन छः में दो किसान कम्युनिस्ट थे, एक विद्यार्थी कम्युनिस्ट था, तीन थे साधारण किसान-कार्यकर्ता। यह संपर्क था तो महीने-भर का ही लेकिन पाँचों रुपउलीवाले हाज़तियों के लिए वह 'सत्संग' खूब चेतनाप्रद और स्फूर्तिकारक साबित हुआ।

वे आगे के संघर्षों के लिए दीक्षित होकर ही जेल से बाहर आए थे। उनकी बातों से आशा छिटकती थी, भरोसा टपकता था।

स्त्रियों को इस बात का विश्वास नहीं होता था कि वे इतनी आसानी से ज़मानत पर छूट आएँगे।

जैकिसुन की माँ ने बेटे से कहा—"दुबले हो गए हो!" जीवनाथ की माँ को भी बेटे के प्रति ठीक यही शिकायत थी। लेकिन उन दोनों को यह बात सुनकर हँसी आई। उन्होंने हाथ चलाकर कहा—"हमारा तो ओजन (वजन) बढ़ गया है, कहती क्या हो तुम लोग?"

जीवनाथ की बैठक में बातें हो रही थीं। दयानाथ भी थे। जैकिसुन था, उसकी माँ थी। सुतरी और लछमन थे। दूसरे भी चार जने थे। दालान की अँगनई खलिहान के लिए ठीक की जा रही थी, बीच आँगन में दवनी खम्भा गाड़ा जा चुका था। जीमड़ का ताज़ा कटा धड़ था, पत्तों समेत एक ऊपर-मुँही डाल उसमें रहने दी गई थी। सामने ही लछमनसिंह के घर का पिछवाड़ दिखाई दे रहा था। उसकी औरत दीवार के छेद में आँख डाले ग़ौर से सबकुछ देख रही थी। पाँच साल का बच्चा पिछवाड़ के नज़दीक खड़ा था, उसको पिता से बुलावे के इशारे की प्रतीक्षा थी। अगहन के प्रातःकाल की हलकी धूप सभी को अच्छी लगती है। वह उसकी मीठी सेंक ले रहे थे।

"मैं कहाँ मानूँगी..." जैकिसुन की माँ ने कुछ क्षण बाद प्रतिवाद किया..."कि जेल के अंदर तुम लोगों का ओजन बढ़ गया है! ऐसा भी कहीं हुआ है?"

"चलो, इस बार हम दोनों जेल हो आएँ, जैकिसुन की माँ!" दया ने मुस्कुराकर कहा—"न बढ़ जाय ओजन तो तुम फिर मुझसे बताना, हाँ!"

"चुप रहो बाबू, मैं तुमसे नहीं पूछ रही हूँ!"

"तो, अब और किससे पूछोगी?"

जैकिसुन की माँ दयानाथ के प्रति तुनककर बोली—"मेरा बस चले तो इसी बखत बुड्ढे को गिलफदार कराके जहल भेज दूँ..."

देवर-भाभी की इस नोक-झोंक में अपने को विजयी समझकर बाबू दयानाथ राय ने छँटी-खिचड़ी मूँछों पर बार-बार हाथ फेरा। जीवनाथ की माँ गंभीर प्रकृति की महिला थी, वह इन बातों पर सिर्फ मुस्कुराकर रह गई। बाक़ी सबके चेहरे हुलास से दमक रहे थे।

जीवनाथ ने पीछे संजीदगी से कहा—"सचमुच चाची, हमारा ओजन सेर-सेर, डेढ़-डेढ़ सेर बढ़ गया है। तुम समझती नहीं हो...हम हाज़ती क़ैदी थे। काम न धाम, खूब खाओ और आराम करो और गप्पें लड़ाओ; किताबों का इन्तज़ाम रहता है, क़ैदी पढ़-लिख भी सकता है चाची! हमारे सुतरी झा पहाड़ा खतम करके आए हैं, न हो तो उन्हीं से पूछ लो..."

जैकिसुन की माँ ने सुतरी झा की ओर विस्मय से देखा।

सुतरी ने दृढ़तापूर्वक कहा—"हाँ, जैकिसुन की माँ! मैं अब हनुमानचालीसा अपने-आप पढ़ लेता हूँ। टीसन पर मोसाफिरखाने में रंग-बिरंगे कागज़ चिपके हुए थे, उस पर मोटे-मोटे आखरों में बहुत-कुछ लिखा था। एक कागज़ से चार पाँती और दूसरे से दो पाँती मैंने खुद बाँच लीं। पूछ लो न जीबू से?...क्यों जैकिसुन, अपनी माई से तुम्हीं बता दो न!"

जैकिसुन और जीवनाथ ने साथ ही सिर हिलाया।

तब कुछ देर तक इधर-उधर की बातें होती रहीं। औरतें पहले ही चली गई थीं। धीरे-धीरे बाकी आदमी अपने-अपने काम पर गए। रहे दयानाथ, जीबू और जैकिसुन।

आगे की बातचीत का आधार था किसान-सभा की ग्राम-कमेटी का ढाँचा खड़ा करना। दो महीने के भीतर आसपास के गाँवों में ऐसी सरगर्मियाँ पैदा कर देना जिससे 'प्रथम रेहुआ-थाना किसान-सम्मेलन' संभव हो।

17

टुनाइ पाठक के लिए गाँव में रहना असंभव हो उठा।

पाँचों युवक जेल से छूट आए थे। उन्होंने दुगने जोश से काम शुरू कर दिया था। अपने घरेलू काम तो वे करते ही थे, किसान-सभा और नौजवान-सभा की ग्राम-कमेटियाँ उन्होंने कायम कर ली थीं। किसान-सभा के 56 मेंबर बन चुके थे, मेंबर होने की फीस एक आना था। दयानाथ और जैकिसुन ने घूम-घूमकर लोगों को किसान-सभा के उद्देश्य समझाए। टुनाइ, जैनरायन और तीन-चार दूसरे आदमियों को छोड़कर बाकी सभी मेंबर बनने को तैयार थे लेकिन अब रसीद-बही ख़त्म हो चुकी थी।

ग्राम-कमेटी बनी तो हाजी करीमबक्स उसके सदर चुने गए, दयानाथ उपसभापति और जीबू सेक्रेटरी। काम की देख-रेख और सलाह-मशविरा के लिए सात मेंबरों की छोटी किसान-काउन्सिल चुनी गई। स्थाई फंड के लिए सेक्रेटरी ने अपील की तो पाँच मन धान का वायदा फौरन मिल गया। अगले ही दिन वसूली भी उसकी हो गई।

पहली बैठक में काउन्सिल ने पाँच फैसले लिए थे :

1. पंद्रह दिन के अंदर स्थाई फंड में पंद्रह मन धान और जमा करना।

2. साप्ताहिक 'जनशक्ति' और दैनिक 'नवराष्ट्र' के लिए तीन-तीन महीने की अगाऊ रक़म मनीआर्डर से भेज देना।

3. पुरानी पोखर की मरम्मत के लिए 'लघु सिंचाई-योजना' के अंदर सरकारी मदद हासिल करने की कोशिश करना।

4. ज़िला और प्रदेश की किसान-सभाओं को ग्राम-कमेटी की हलचलों से वाकिफ रखना, अगले कामों के बारे में उनसे हिदायतें माँगना।

5. ज़मीन की बेदखली के ख़िलाफ गाँव के लोगों का संयुक्त मोर्चा; पास-पड़ोस के किसानों से इस संघर्ष में मदद लेना और ज़रूरत पड़े तो उन्हें भी मदद पहुँचाना।

दफ्तर के लिए हाजी साहब ने अपने दालान की दो कोठरियों में से एक दे दी। हफ्ते में एक बार काउन्सिल की बैठक तय हुई और पंद्रह दिन बाद ग्राम-कमेटी की बड़ी मीटिंग। स्थाई फंड की रक़म और मेंबरी की फीस वगैरह से आनेवाली रक़में किसके पास जमा रहेंगी, यह सवाल उठा तो काउन्सिल के कुछ मेंबरों ने दयानाथ का नाम लिया, कुछ ने हाजी साहब का। अंत में दयानाथ के आग्रह से वह भार भी सदर को ही उठाना पड़ा।

हाजी, दया और जीबू के अलावा, काउन्सिल के बाकी चार मेंबर थे : गोनउड़ महतो, विजयबहादुरसिंह, लछमनसिंह और जहदली जोलहा।

जीवनाथ ने 'नवराष्ट्र' और 'जनशक्ति' में छपने के लिए ये बातें लिख भेजी थीं। अक्षर उसके अच्छे नहीं होते थे और भाषा भी खूब शुद्ध नहीं थी, परंतु कुछ दिनों बाद ग्राम-कमेटी की स्थापना आदि के संबंध में वही समाचार 'नवराष्ट्र' में प्रकाशित हुआ। न्यूज़-एडीटर ने काट-छाँटकर भाषा दुरुस्त कर दी थी...फिजूल के शब्द हटा दिए थे... दो-तीन जगहों पर आगे की लाइन पीछे और विराम-चिह्न इधर-उधर हो गए थे...लेकिन अब उन पंक्तियों में जान पड़ गई थी, जोर आ गया था। जीवनाथ ने उछलते दिल से जैकिसुन को बताया—"देखा, अपनी खबर छपी है?"

अख़बार छीन लिया जैकिसुन ने। उसकी आँखें 'नवराष्ट्र' के कालमों में भटकने लगीं।

"यों नहीं पाओगे, तीसरे पेज में देखो!"

आखिर जीबू ने उँगली से बता दिया।

जैकिसुन ने आदि से अंत तक कई बार पढ़ा। गिनकर देखा, बारह पंक्तियों में छपा था।

दयानाथ के बैठकख़ाने में उस रोज अनायास काउन्सिल की मीटिंग हो गई मानो। ग्राम-कमेटी के बारे में 'नवराष्ट्र'-जैसे लोकप्रिय दैनिक में इस प्रकार समाचार छपना रुपउली की सामूहिक आत्मा को आह्लादित कर रहा था। लोगों को लगा कि उनका यह स्थानीय प्रयास अखबार के माध्यम से समूचे बिहार की वाणी पा गया है और ज़िले-ज़िले में, थाने-थाने में मुखरित हो उठा है...

टुनाइ पाठक अपने पापों से आप ही आतंकित होने लगा। पुलिस के दो जवान डटे थे, डेढ़-दो महीनों से वह उनकी हिफाज़त में था। उनके पीछे कम-से-कम सौ रुपए माहवार का खर्च आता था, लाभ कुछ भी नज़र नहीं आता था, बल्कि पाठक के प्रति लोगों का द्वेष इधर और बढ़ गया था। छोकरे खुलेआम उसे सुना-सुनाकर फकरा (फिक्रा) गुनगुनाते थे :

'पाठक टुनइयाँ।
पाठक टुनइयाँ!
पूलिस तोहर नानी
दरोगा तोर सइयाँ!
पाठक टुनइयाँ!'

खूनवाला मुक़दमा लम्बा खिंच रहा था। उधर श्यामसुंदर बाबू डटकर पैरवी कर रहे थे, इधर सिखाए-पढ़ाए गवाहों की नीयत हिल रही थी। जैनरायन ने जो केस चलाए थे, उनका तो और भी बुरा हाल था।

बरगद के नज़दीक नौजवानों ने इस बीच एक अखाड़ा तैयार कर लिया था। शाम को रोज़ दस-पाँच शरीर वहाँ मिट्टी उकेरने लगे।

ताल ठोंकने की आवाज़ें पाठक के कानों में पड़तीं तो कलेजा

फटने लगता उसका। रात में अक्सर वह सपने देखता कि लछमनसिंह उसकी कनपटियों में झापड़-पर-झापड़ लगा रहा है...

पुरानी पोखर के उत्तरी मोहार पर पंडित शशिनाथ ठाकुर ने आँवले का पेड़ लगा रखा था। तीन-चार साल बाद अब वह काफी छतनार हो आया था। पिछले वर्ष जैनरायन के भानजे ने इस आँवले के साथ एक ध्वजा गाड़ दी और हनुमानजी का फोटो उसमें चिपका दिया। तभी से सप्ताह में एक बार, मंगल के संध्याकाल, वहाँ कीर्तन चालू हुआ जो अब तक ज़ारी था। जैकिसुन और सुतरी झा कीर्तन में नियमित रूप से शामिल हुआ करते थे। शिक्षितों और सयानों की इस ओर अरुचि शुरू से ही थी। वे इस कीर्तन को 'छोकरों का हुरदंग' समझते।

जैनरायन का भानजा सतदेव अपने मामा से अलग था। ईमानदार और मेहनती आदमी था, सुधंग—लेकिन चुप्पा टाइप का। सुतरी झा की उससे खूब पटती थी। ये दोनों दरअसल रुपउली के अनपढ़ नौजवानों के स्वयंभू नेता थे। सुतरी झा साहस का प्रतीक था तो सतदेव परिश्रम का पुतला। दूसरों की मदद के लिए दोनों मुस्तैद रहते। श्राद्ध हो, ब्याह हो, स्कूलों का देहाती मैच हो, बाँध पर मिट्टी डाली जा रही हो, बरसात का रुका पानी निकाला जाता हो, जीबछ नदी में पानी की रोक-थाम हो रही हो, मेले-ठेले में जाना हो, स्कूल-पाठशाला का मकान बन रहा हो, ज़मींदार के बागों में छिपकर आम-कटहल तोड़े जा रहे हों...वहाँ इन्हीं दोनों में से एक-न-एक अगुआ होता था।

जैकिसुन ने उन्हें नौजवान-संघ का मेंबर बना लिया था। अब मंगलवारी कीर्तन के समय हनुमानजी को नौजवान-संघ के जोशीले गाने सुनाए जाने लगे।

18

फसल इस बार दुगनी तो हुई ही थी, किसी-किसी के किन्हीं खेतों में तिगुनी-ढाई गुनी भी।

स्थाई फंड में तीस मन धान आ गए थे। उन्हें बेचकर साढ़े चार सौ रुपए की रकम बना ली गई थी। डेढ़ सौ रुपए का चंदा गन्ने की फसलवालों से आ गया था। कुछ चंदे की उम्मीद रबी की फसलों से भी थी।

कमेटी के समझाने-बुझाने पर दो चमारों ने अदालत में पहुँचकर उस कत्ल का भंडाफोड़ कर दिया। मुक़दमा तो डिसमिस हुआ ही, उलटे टुनाइ पाठक और जैनरायन के नाम वारंट निकल गए। गाँव छोड़कर दोनों डेढ़-डेढ़ महीने तक फरार रहे। पीछे कोर्ट में हाज़िर हुए तो दो-दो हज़ार रुपयों के मुचकले पर छूटे। पाठक की हिम्मत नहीं हुई कि वापस आकर घर पर रहे। जैनरायन लौटा भी तो गुमसुम रहता, गाँव में या खेतों की ओर नहीं निकलता।

इस दरम्यान तीन सौ रुपए की लागत से पुरानी पोखर का उद्धार कर लिया। इस काम में गाँव के एक-एक मर्द ने हाथ बटाया, किसी ने उजरत नहीं चाही। धमियापट्टी के मुसहड़ों ने मज़दूरी लेकर मेहनत की थी, एक-एक मज़दूर ने 'जग्ग' समझकर डेढ़ गुना काम किया था... पोखर का अंदरूनी रक़बा यानी पेट चार बीघे का था, इसी से ज्यादा गहराई से तो उसे नहीं खोदा जा सका; हाँ, चार फुट मिट्टी निकाल

दी गई। चारों ओर भिंड को ऊँचा कर दिया गया। तय था कि अगली बरसात में अब पुरानी पोखर अपने अंदर इतना पानी भर लेगी कि गर्मियों में सूख नहीं जायगी बिलकुल।

दयानाथ और हाजी करीमबक्स 'लघु सिंचाई-योजना' के अधिकारियों से दरभंगा जाकर दो बार मिल आए थे, नीचे-ऊपर कई दफ्तरों में दरखास्तें भी भेजी थीं लेकिन सिवाय आश्वासनों के अब तक कुछ मिला नहीं था। इस बारे में पूछताछ करने पर जीवनाथ और जैकिसुन को एक विश्वस्त सूत्र से मालूम हुआ कि बाबू उग्रमोहनदास एम्.एल्.ए. और बाबू कुलानंददास एम्.पी. से राय माँगी गई तो उन्होंने मना कर दिया। लोक-सभा और विधान-सभा के इन कांग्रेसी प्रतिनिधियों ने रुपउली को 'कम्युनिस्ट-प्रभावित गाँव' बताया था...नीलांबर के ससुर—जज साहब—से दोनों नेताओं की रब्त-जब्त थी, उन्हीं के यहाँ चाय और कॉफी के गर्म प्यालों से उड़ती भाप ने स्वराजी बाबुओं को बार-बार यह ताजी सूचना दी होगी।

जीवनाथ अब अपने इलाके का किसान-लीडर हो चला था। आसपास के पच्चीस गाँवों में घूम-घूमकर किसान-सभा के 1200 मेंबर उसने बना लिए थे, नौ ग्राम-कमेटियाँ चालू करा दी थीं। अनेक प्रकार की सामाजिक और प्राकृतिक विपत्तियों से ग्रस्त, मौजूदा शासन-व्यवस्था की विषमताओं से तबाह, तीस-चालीस गाँवों का वह परोपट्टा (परग़ना) इन किसान-संगठनों की तरफ भरोसे की निगाहों से देखने लगा। उच्च वर्ग के स्वेच्छाचारियों से अपनी हिफाजत के लिए, तानाशाह अधिकारियों से वाजिब हक हासिल करने के लिए बीसों देहाती तरुण आगे निकल आए—जीबू भाई उनके रहनुमा थे। उनमें कोई प्राइमरी स्कूल का बेरोजगार मास्टर था, कोई मैट्रिक पास करके बेकार बैठा हुआ पढ़ुआ बाबू था, कारखाने में छँटनी के बाद देहात को वापस आया हुआ कोई मज़दूर था, कोई भूतपूर्व फौजी जवान था, स्ट्राइक के बाद हाईस्कूल या कॉलेज से निकाला हुआ कोई विद्यार्थी था, खाते-पीते किसान खानदान का कोई आदर्शवादी तरुण था...

अपनी बस्ती रुपउली के लिए जीबू ने जैकिसुन और लछमनसिंह वगैरह को छोड़ रखा था। प्रोत्साहन और परामर्श के लिए दयानाथ ही क्या कम थे?

'मार-पीट' का अभियोग लगाकर जो मुकदमा उन पर जैनरायन ने दायर किया था, उसमें उन्हें महीने-भर की कैद हो गई थी...हँसी-खुशी वह जेल गए और महीने-भर 'कल्पवास' कर आए। वैशाख का महीना और तीर्थ का निवास—कल्पवास ही तो हुआ।

जैकिसुन ने अपील करवाई थी, मगर सज़ा बहाल रही।

"मुझे यह सजा बिलकुल नहीं अखरी!"—दयानाथ ने वापस आकर कहा था।

पुरानी पोखरवाली ज़मीन पर अपनी दखल के सबूत में जो दस्तावेज जैनरायन की तरफ से उसके वकील ने कोर्ट के सामने पेश किया उस पर '30 मार्च, 1951' तारीख पड़ी थी...ज़मींदारी-उन्मूलन-बिल स्टेट-असेम्बली में पास हो चुका था मगर हाट, बाज़ार, पोखर, झील, बाग-बगीचा वगैरह की शुमार ज़मींदार की 'व्यक्तिगत जायदाद' के अंदर की जाएगी या नहीं, इस बारे में स्वयं सरकार ही भारी दुविधा में थी। इस प्रसंग में किसानों की तरफ से श्यामसुंदर बाबू की बहस ने मुन्सिफ को काफी प्रभावित किया था। फिर भी फैसला मुल्तवी रखा गया।

19

आमों में अब के खूब फल लगे थे।

आज जेठ की पूर्णिमा थी।

जैकिसुन को आज जोरों से बाबा की याद आई।

कई दिनों से वह इस पूर्णिमा का इंतज़ार कर रहा था, बल्कि कई महीनों से। यों हर पूरनमासी की रात जैकिसुन बाँके बरगद के करीब जाता कि शायद बाबा की कृपा हो जाय, दर्शन दे दें शायद वह...लेकिन हरेक पूर्णिमा बेचारे को निराश करती गई—दो पूरनमासियाँ हाजत में गुज़र गई थीं, उन रातों में जैकिसुन को अपने बरगद बाबा याद आते रहे थे।

आज दिन के वक्त तूफान उठा था, दच्छिन-पच्छिम दिशाओं के कोने से बादल उमड़ आए थे। बूँदाबूँदी होकर रह गई, पानी इतना भी नहीं बरसा कि धरती की धूल ही बैठ जाती।

चलो, अच्छा ही हुआ—जैकिसुन ने सोचा।

पहली ही शाम को खाना खाकर अपना रुख उसने रजबाँध की तरफ किया।

थोड़ी देर में लछमनसिंह और सुतरी झा भी आ धमके।

अंगोछी की गेंडुरी बनाकर जैकिसुन ने उस पर सिर रख लिया और लंबा पड़ गया।

काफी देर तक इधर-उधर की बातें होती रहीं...

तूफान के बाद बूँदाबूँदी हो गई थी, इसी से आकाश बिलकुल स्वच्छ था। मजे की चाँदनी खिल रही थी। हवा बंद थी, तथापि ऋतु का ताप असह्य नहीं था। चोंच मार-मारकर अधपके आमों को बरबाद करते हुए परिंदों को रखवाले बागों के अंदर बार-बार ललकार रहे थे—'हा-हा हो-हो-हूइ हूइ' और 'ले ले ले ले—ल ऽ ऽ ल ऽ ऽ ल ऽ ऽ ल ऽ ऽ ऽ ऽ ऽ' की ये अजीब आवाज़ें रात के सन्नाटे को चीरती हुई दूर-दूर तक गूँज जाती थीं...उन गूँजों से प्रतिध्वनित होकर दिग्-दिगंत देर तक गनगनाते रहते।

जैकिसुन को आखिर नींद आ गई।

सुतरी झा चला गया तो लछमनसिंह भी वहीं सो रहा, आधी धोती बिछाकर और बाँह का तकिया बनाकर।

कुछ ही काल बाद बरगद की डालों-टहनियों के झुरमुट में से विशाल आकृतिवाला वही बूढ़ा निकल आया।

गत वर्ष की ही तरह जैकिसुन के माथे पर उसने अपना हाथ फेरा और बार-बार सूँघता रहा सिर के बालों को...

कब तक झुका रहता? पाल्थी मारकर आखिर बैठ गया, उसके पैर की उँगलियाँ जैकिसुन के माथे से छू रही थीं।

चाँद आसमान में ऊपर चढ़ता जा रहा था।

दिशाएँ शांत थीं, वायुमंडल नीरव था।

थोड़ी-थोड़ी देर बाद आम के रखवालों की आवाज़ें उसी प्रकार उठती थीं और उनका अनुरणन चराचर में छा जाता था।

बाक़ी फिर शांति, फिर सन्नाटा!

20

बाबा ने मुस्कुराकर कहा :

'तुम लोगों ने तो बस्ती की हवा ही बदल दी! अब तुम्हारा कुछ भी नहीं बिगाड़ सकते पाठक और जैनरायन। पाठक और जैनरायन ही क्यों, कोई हिम्मत नहीं करेगा तुम लोगों से टकराने की...मैं आशीर्वाद देता हूँ, रुपउलीवालों की यह एकता हमेशा बनी रहे! सुखमय जीवन के लिए तुम्हारी यह सामूहिक प्रचेष्टा कभी मंद न हो, स्वार्थ की व्यक्तिगत भावना कभी तुम्हारी चेतना को धुँधला न बनाए।

जैकिसुन इसी अमृतवाणी के लिए कितने दिनों से तरस रहा था! आज उसके कान जुड़ा रहे थे।

बाबा को अपनी आँखों के सामने पाकर उसका हृदय इस समय फूला नहीं समाता था। ऐसा लग रहा था कि पूर्वजों की आत्मा ही इस बुजुर्ग के रूप में उसके समक्ष विराजमान है...

बाबा ने गंभीर स्वरों में डुबोकर फिर ये शब्द कहे :

'दस-पंद्रह दिन शेष हैं मेरी इस देह के। उसके बाद तुम्हें बरगद का यह वृक्ष निष्प्राण नज़र आएगा। इसका एक-एक पत्ता सूख जाएगा। छाल सूख जाएगी, काठ सूख जाएगा...'

जैकिसुन को यह सुनते ही कँपकँपी छूट गई।...इतने दिनों बाद क्या वह यही सुनने आया है?

बेचारे का कलेजा मुँह को आने लगा। चिल्ला भी तो नहीं सकता

था वह! हाय, अब क्या करे जैकिसुन? क्या ऐसा कोई उपाय नहीं है, जिससे बरगद का सूखना रुक जाय?

उसके हृदय में दुश्चिंता की जो आँधी उठ खड़ी हुई थी, बाबा को उसका आभास मिला तो हँसकर बोले :

'पागल कहीं का! मन को क्यों छोटा करता है?'

जैकिसुन ने कातर दृष्टि से उनकी तरफ देखा—देखता रह गया... उनकी अपनी ही जिन्दगी के बारे में वह आश्वस्त हो लेना चाहता हो मानो! पलकें झिप नहीं रही थीं, नेत्रों का सारा तेज बाबा के चेहरे पर केंद्रित करके अपने को अचल बना लिया था उसने।

बाबा बटेश्वरनाथ मुस्कुराकर कहने लगे :

'मेरे पेड़ की सूखी लकड़ियों से ईंटें पका लेना। उन ईंटों से ग्राम-कमेटी का मकान तैयार होगा...'

जैकिसुन से अब नहीं रहा गया, आँखों से आँसू बह चले। उसकी समझ में नहीं आ रहा था कि किस क़सूर की यह सज़ा इस बेदर्दी से बाबा उसे दिए जा रहे हैं—इन कानों से इस प्रकार का अशुभ समाचार सुनना जैकिसुन को असह्य लग रहा था।

आँसू उसके रुक नहीं रहे थे।

बाबा ने उसकी ठुड्डी में दाएँ हाथ की अपनी तर्जनी छुआकर कहा :

'क्यों तू इस तरह उदास होता है? तू चाहता है कि हमेशा मेरी देह अपंग पड़ी रहे? उधर देख, पिछले उन्नीस वर्षों से यह पेड़ पंगु होकर पड़ा है...इतनी अवधि में तो यहाँ एक दूसरा वृक्ष बढ़ आया होता। बेटा, यह मोह भी एक भारी रोग है। तुम लोगों को मेरे शरीर का मोह सता रहा है। आख़िर बरगद का यह कुरूप ढाँचा कभी-न-कभी तो यहाँ से हटेगा ही...या कि ऐसा ही गिरा-पड़ा रहेगा?'

जैकिसुन ने सिर को नहीं हिलाया—न निषेध में, न स्वीकृति में। अपने आँसू उसने धोती की खूँट से पोंछ लिए थे।

बाबा ने क्षण-भर रुककर कहा :

'तो, लो एक बात बताऊँ...'

जैकिसुन की आँखों में उत्सुकता दौड़ गई। बाबा कहते गए :

'पिछली बरसात में अपने ही बीज का एक बिरवा उग आया है, हाजी करीमबक्स के बाग़ में पीपल के कंधे पर। मेरी फलियाँ खानेवाले एक कौए को यह श्रेय है कि उसने जाकर वहाँ बीठ कर दी थी। वह पौधा अब बालिश्त-भर का हो गया है। ठीक मेरी ही जगह पर तुम उस पौधे को रोप लेना। कौन, दस वर्ष बीतते-न-बीतते एक अच्छा-खासा छतनार बरगद यहाँ फिर लहरा उठेगा। आगे चलकर वही तुम लोगों का साथी होगा, समझे बाबू?'

जैकिसुन ने सिर हिलाकार संकेत किया–'हाँ!'

उसकी पीठ पर हलकी थपकियाँ लगाकर बाबा बोले :

'तो, अब इस बुड्ढे को छुटकारा दो बेटा!'

जैकिसुन भरी-भरी, फैली-फैली आँखों से बाबा के चेहरे की तरफ देखने लगा। मन उसका सूना-सूना हो रहा था। ह्दय की धड़कन गिनी जा सकती थी।

क्षण-भर के लिए जैकिसुन की पलकें मुँद गईं।

आँखें खोलने पर उसने सामने किसी को नहीं पाया...

21

श्रावण की पूर्णिमा थी आज।

रंग-बिरंगी राखियों से पुरुषों की कलाइयाँ शोभित थीं।

रजबाँध पर उसी जगह बरगद का नया पौधा लहरा रहा था। दतुअन-सा पतला सादा तना...दो पत्ते थे हलकी हरियाली में डूबे हुए, फुनगी पर एक टूसा था—दीप की लौ की तरह दमकता हुआ।

प्रकृति नए सिरे से मानवता को नवजीवन का संदेश दे रही थी।

आसपास चारों ओर सावनी समाँ छाई हुई थी।

समय पर वर्षा हुई थी, सो, धान के पौधे झूम-झूमकर बच्चा बरगद को अभिनंदित कर रहे थे।

सभी के चेहरे से उल्लास टपक रहा था।

हाजी करीमबक्स की कलाई में भी किसी ने राखी बाँध दी थी। वह गुनगुना रहे थे :

"सारे जहाँ से अच्छा हिंदोस्ताँ हमारा!
हम बुलबुलें हैं इसकी, ये गुलिस्ताँ हमारा!"

दयानाथ कुछ बोल नहीं रहे थे, पोते को उँगली पकड़ाए टहल रहे थे। लछमनसिंह, सुतरी झा, सरजुग आदि कई आदमी पौधे की हिफाजत के लिए कैलियों से बाड़ बुन रहे थे। बना-बनाया गोल बाड़ रोपने का उत्सव समाप्त हो चुकने पर पौधे के गिर्द डाल देनी थी।

जीवनाथ और जैकिसुन अलग कुछ बातें कर रहे थे।

पास ही ताजे-कटे बाँस की हरी लंबी ध्वजा के सहारे एक श्वेत पताका फहरा रही थी। उस पर सिंदूरी अक्षरों में तीन शब्द अंकित थे।

स्वाधीनता!

शांति!

प्रगति!

●●●